誰も知らない！
20代の動かし方
現代の若者に言うべきこと、言ってはいけないこと

若山雄太

きずな出版

「若者のために、未来を創れるとは限らない。
だが、未来のために若者を創ることはできる」

——フランクリン・ルーズベルト（米・政治家１８８２〜１９４５）

We cannot always build the future for our youth,
but we can build our youth for the future.

はじめに――

あなたの未来は20代が握っている

おめでとうございます。
この本を手に取ってくださったということは、未来が保証されたということです。
あなたの人生は間違いなく、より輝かしいものになるでしょう。

「は？　突拍子もなさすぎて意味がわからない」

おっしゃる通りですね。説明が抜けすぎました。
この本は**〝現代の20代を動かすための方法〟**をまとめた本です。
あなたがサラリーマンであろうと、経営者であろうと、フリーランサーであろうと、これから世の中に求められる人材は間違いなく、20代を動かせる人間です。

「20代の部下に、どう接すればいいかわからない」
「厳しく叱ると、すぐやめていってしまう」
「パワハラ、セクハラ問題が怖くて、若手とコミュニケーションが取れない」

こんな悩みを抱えている人は非常に多いようです。

「ゆとり世代」や「さとり世代」など、なにかと〝扱いにくい存在〟というネガティブな文脈でとらえられることが多い、現在の20代。

しかし彼らは決して、やる気がないわけでも能力が低いわけでもありません。

彼らを扱いにくい存在と認識してしまうのは、世の中の大半の大人が、現在の20代を動かすための方法を知らないからです。

ご存じの通り、これからの日本は世界有数の高齢化社会で、若者がどんどんいなくなります。

「ただでさえ若者が少ないのに、その貴重な若者たちもやる気がないし、叱ろうものならすぐに会社をやめてしまう。こんな扱いづらい存在を相手にしなければならないなんて、お先真っ暗だな……」

こんなふうに思っていませんか？

もし、少しでもこう思ったのであれば、これはビッグチャンスです。

なぜなら、世の中の大半は現在の20代に同じような印象を持っているから。

ということは、世の中の大半が20代の可能性に気づかず、若者を育てる方法も知らないということです。

そんな中、20代を優秀な人材に育て上げ、成果を出すことができれば、あなたは極めて貴重な人材になります。

人生において、自身の価値を高めることは、とても簡単です。

〝世の中が強く求めるが、多くの人間はできない。それが自分にはできる〟

これだけです。

テクノロジーが発達し、これからは仕事がロボットに奪われるという話はよく耳にすると思いますが、人を育てることは人間にしかできません。ただし現代の20代の育成に関しては、ロボットはおろか人間でさえ困難を極めている状況です。

そんな状況で、あなただけは20代を育て上げることができる訳ですから、こんな貴重な存在を、会社や社会が放っておく訳がありません。

もう一度言います。

これからは超高齢化社会です。若者はどんどん少なくなります。

ほとんどの人が、貴重な若者を育てることができず困っています。ですが、あなたはこれから、自由自在に若者を優秀な人材へと育て上げて成果を出します。よって、あなたの価値は高まり続け、どこに行っても必要不可欠な人材となります。

この本は、あなたに20代を育てるエキスパートになってもらうための方法を伝授するための本です。つまり、人生を飛躍させる本なのです。

上の世代だって「世代カテゴライズ」に戸惑った過去がある

そうは言っても今の20代は本当に何を考えているかわからない、とても彼らを育て、優秀な人材に変えられるとは思えない……という方もいると思います。

心配しなくても、若者が理解しがたいというのは今に始まったことではありません。

現在の40代や50代も、20代だった当時には、現在の20代と同じような〝レッテル貼り〟を経験しています。

ちょうど今の20～30代にとっての親世代が10代から20代だった当時、世間では「新人類」という言葉が流行していました。この言葉の使用法は、まさしく現代の「ゆと

り世代」と同じです。

上の世代が、自分たちの価値観に当てはまらない若い世代を「理解不能」だとして、その若い世代を指して使われた言葉です。

おもしろいのは、新人類という言葉が流行した前の時代にも、「三無主義」という、若者気質の傾向を示す言葉も生み出されていることです。

「無気力」「無感動」「無関心」の3つを総称して「三無」なのですが、当時の年配者は、若者に対して「いろいろなことに意欲がない、熱意がない、いったい何を考えているのやら……」と嘆いていたのです。どこかで聞いたような内容ですよね。

そして当時の20代もまた、現在の20代と同じく、ひとつのキーワードでひとまとめにされるという社会の風潮を、快く思ってはいませんでした。

古代エジプトの年配者も、「いまどきの若い者は……」と嘆いていたといいます。

古今東西、上の世代にとって「自分たちと持っている価値観が違う」「自分たちには理解ができない若者」の存在は、常に悩みのテーマでもあったのです。

それ以外にも、「団塊ジュニア」「ベビーブーマー」など、ある年代をひとくくりにして名前を付けて総称してしまう、という例はありました。

これらも、相手を揶揄するような意味合いが込められていたケースが圧倒的に多いと思いますし、その前提として、上の世代から見て「自分たちとは違う」「価値観が相容れない」などの、否定的な意味合いも込められていたようにも思います。

これらのレッテル貼りに共通して言えるのは「世代が異なればベクトルも異なる」という単純な事実です。

そのベクトルの違いに対してネーミングがされて、ネーミングが付いた時点で、付けた側と付けられた側の間に「価値観が違う」という、ハッキリした認識が生まれるのではないでしょうか。

20代は、あなたの最高のパートナーになる

しかし先に述べたように、これはベクトルが違うだけです。

しっかりと理解して付き合う方法さえ知っていれば、20代はあなたの強力な味方と

なってくれます。

私は現在、20代を中心とした数々のコミュニティづくりに貢献し、**毎日、20代の若者たちと一緒に密な時間を過ごしています。**

そんな私が、20代を理解し、味方につける方法を凝縮したのが、この一冊です。

いきなり生意気申し上げますが、おそらく私以上に「20代の動かし方」というテーマの本を書くのに適した人は、今はいないのではないでしょうか。

ですから「20代との接し方がわからない……」と悩む方々は、安心して読み進めてください。

さて、このあとは、いよいよ本論に入っていきましょう。

内容は大きく4章構成にしています。

第1章は、今の20代の価値観や考え方の背景について、この「はじめに」で述べたことをさらに深掘りし、20代を理解していただきます。

第2章は、価値観が理解できたところで、今の20代は何を求めているのか？　というこことについて述べていきたいと思います。

第3章は、具体的に今の20代に言うべきことや、言ってはいけないことなどを、私なりのスキルを用いて解説していきます。

第4章は、まとめとして、20代から信頼を勝ち取るために知っておきたい技術を習得していただく章です。

では、準備はよろしいでしょうか？

今日から20代は、あなたの味方になります。

そして、あなたの人生は大きく変わります。

著者

第2章 今の20代は何を求めているのか?

第3章
今の20代に言うべきこと、言ってはいけないこと

言ってはいけない！　上司の自己満足な自分語りと感情を前面に出した言葉 124

20代のやる気を奪う「タブーフレーズ10」 144

第4章 20代から信頼を勝ち取るための技術

誰も知らない！ 20代の動かし方

—現代の若者に言うべきこと、言ってはいけないこと

第1章

20代を完全解剖する

すべての信頼関係は「理解」から始まる

世界一を生んだ信頼関係構築術

私は現在のように数々の20代コミュニティに関わる前に、営業研修を専門でおこなっていた時期があります。この研修の受講生から多くのトップセールスマンを生み出し、営業成績で世界一を獲得する人間も輩出しました。

「いや、営業の話はいいから、早く20代の動かし方を教えろよ」と思われるかもしれませんが、あとにつながるので、少々お付き合いください。

誰が言うか ∨ 何を言うか

簡潔に言うと、これが研修で教えていた「人の動かし方」です。

相手と強い信頼関係を築けるかで、人生はすべてが決まります。

「どう、うまく伝えるか（プレゼンするか）」ばかりを考えている。これは、典型的な売れない三流セールスマンの思考パターンです。うまい話だけでは、決して信頼関係を築けません。

相手を動かすために重要なのは、「どううまく伝えるか？」ではなく、**「この人に言われたら、どんなものでも買ってしまう（言うことを聞いてしまう）」**と、思ってもらえるほどの信頼関係構築をすることです。

あなたと20代との関係レベルは？

信頼関係には、次の7つの段階があります。

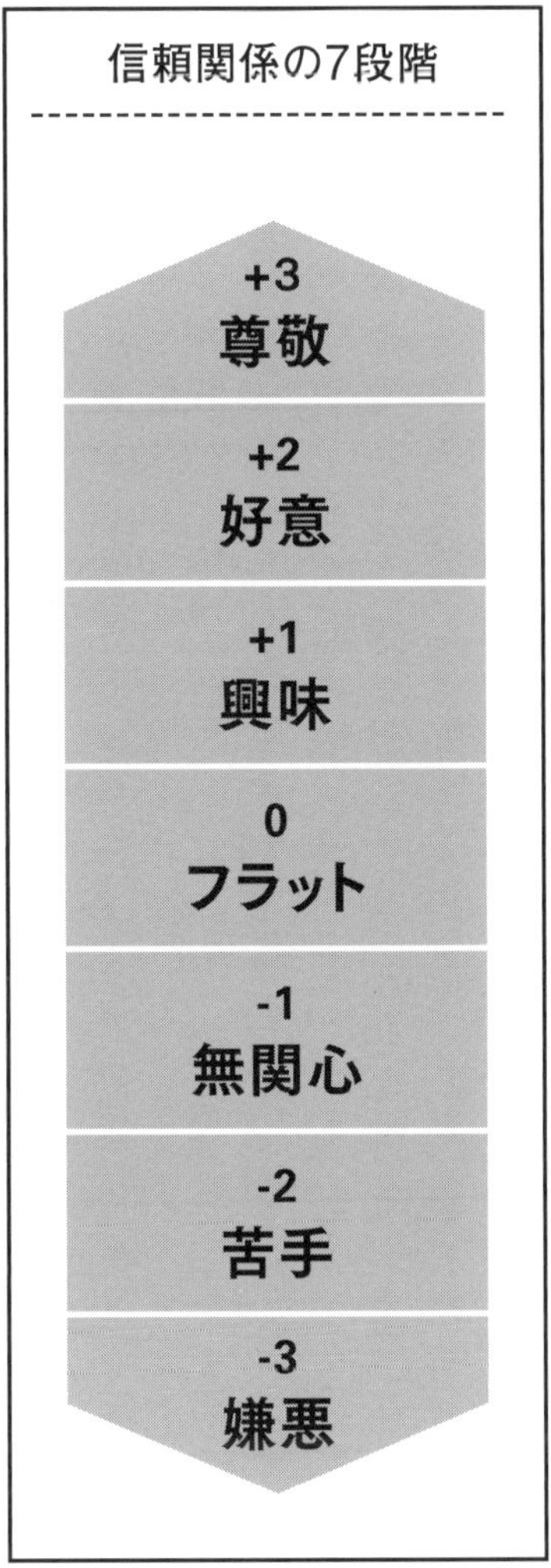

出会った瞬間の信頼関係は0。つまりフラットです。

ここからあなたが20代とどんな関わり方をしていくかで、あなたに対する信頼関係レベルが変わります。そして、そのレベルに応じて、あなたに対する20代のコミットレベルも変わっていきます。

ではどうすれば、信頼関係レベルを上げることができるのか？

「やっぱりここは飲みニケーションでしょ！」

「いやいや、20代を褒めろ、でしょ！」

残念ですが、大外れです。

あなたが最初にすべきは〝20代を理解しようと努めること〟です。


そもそも、あなたは20代が好きでしょうか？

多少苦手意識があったり、言うことを聞かない20代がいるから、その解決策はないかと、この本を手に取ったのではないでしょうか？

ですが、あなたが20代に対して苦手意識や嫌悪感を抱いてる状態で、どうやって20代はあなたに興味を持ち、好意を持ち、尊敬すればいいのでしょうか？

「俺はお前らのこと嫌いだけど、お前ら20代は、俺のことを尊敬しろよ！　言うこと聞けよ！」

こんなことを言うのは、同じチームで働く関係としては、あまりにも寂しくありませんか？

「俺は俺、お前はお前」

これは後ほど詳述しようと思いますが、20代との信頼関係を築くことができず悩む方の共通点として〝自分の価値観で20代を測ろうとする〟ということがあります。

これは簡単に言うと、「俺が20代の頃はもっと○○だった」と、自身の20代のときと現在の20代を比較しようとすることです。

これは20代と関わるうえで、やってはいけないタブーの上位に入ります。

あなたから見て、やる気やハングリー精神、夢のない若者を、自身の20代のときと比較したくなる気持ちはわかります。ですがそもそも、自身と他者を比較することこそ、人生における無駄だということに気づかなければなりません。

もし、あなたの奥さんが、あなたと社長を比べて、

「あなたの会社の社長は旅行にたくさん行ってるのに、なぜあなたは家族をたくさん旅行に連れて行ってくれないの？　社長があなたくらいの年齢のときには、たくさん旅行に行ってらっしゃったそうよ」

と、言われたらどう思いますか？

悲しい思いになり、呆れることでしょう。

ですが、あなたが普段20代に対して感じていることも、これと大差ありません。

比較が意味を成すのは、前提条件が揃っているときのみです。

あなたが20代だった頃と今の20代を比較して、当時と変わっていないことをどれくらい挙げられるでしょうか？

当然ですが、両者はまったく違う育ち方をした訳ですから、同じ結果になるはずがありません。

あなたと同じ価値観で測ろうとしても、お互いが苦しむだけです。
あなたが20代だった頃どうだったかはいったん忘れて、フラットに今の20代に興味を持ち、関わってみませんか？

人間が人間を好きになれないのは……

質問です。

電車内で子どもが騒いでいます。一緒にいる若い父親はボケーっと外を眺めているだけで、まったく子どもを注意しようとしません。そんな状態に、周囲の乗客は迷惑しています。

こんなシチュエーションに遭遇したら、この父親にどんな感情を持ちますか？

- **注意できない親は失格だ！**
- **ちゃんと子どもの面倒を見ろ！**
- **父親として最低だな！**
- **周囲に迷惑をかけるなんて、ひどいやつだ！**

など、さまざまな印象を持つと思います。

ですが、じつはこの若い父親は昨日、最愛の奥さんを交通事故で突然亡くしてしまい、放心状態で何も考えられない状況に陥っている……という背景があったらどう感じるでしょうか？

この若い父親に対しての印象は、大きく変わるはずです。

人間が人間を好きになれない理由。

それは他人を理解しようとする意識、つまり「**他者理解**」**の不足**です。

「なぜ、20代は飲み会を嫌がるのか？」

「なぜ、20代はやる気がないのか？」

「なぜ、20代は空気が読めないのか？」

「20代は何を求めているのか？」

「20代はどうなりたいのか？」

「20代は……」


これらの背景が理解できたら、もしかしたら、あなたから見た20代への印象は、大きく変わるかもしれません。

ですので、ここからは「現代の20代」の生態を理解するために、彼らを多角的に解剖していきましょう。

「ネガティブ大国ニッポン」が生んだ無菌飼育世代

「うまくいくこと」より「失敗すること」を先に考えてしまう

「日本の若者は、世界で一番チャレンジ精神がない」というデータが、2015年に世界価値観調査により発表されました。

なぜこのような価値観が生まれたのでしょうか？

バブル崩壊後の就職氷河期以降、「失われた20年」などと言われ、日本の社会は基本的に〝受け身の考え方〟が一般的と思えるようなものに変化しました。

そして、「失われた20年」の不況最初期に社会に出たような人たちが、今では20代を子どもや部下に持つ年代になりました。

この世代は、自分がしてきた体験から、どうしても「もしダメになったらどうしよう？」と、不安が先行してしまう性質が強い傾向にあります。

それは消費動向などにも表れていて「**消費するよりは貯蓄を**」と考える人の割合が一気に増えた世代でもあります。

そのため、より強く安定を求める傾向があり、それは「**できるだけ冒険しない**」という発想を生み出し、トラブルを回避することを考えて行動します。

同時にこの世代は前例を踏襲することを善として、前例にないことを新たにスタートさせるとか、前例を破ってしまうということを避けがちです。

そして、このような環境があたりまえの中で生きてきた親世代から、現代の20代は生まれ育ちました。

そもそも20代は「冒険」そのものを知らない？

現代の20代は、バブル期に見られたような「イケイケどんどん」の精神に実際に触れるという経験をしていません。それを今からしようとしても不可能です。

そのため、親の世代は選択したうえで「冒険しない」という方向で生きますが、**20代は選択の余地がなく「最初から冒険できない」のです。**

日本野球の特徴を称して「スモールベースボール」と表現することがあります。見た目に派手な大技、パワーに任せた豪快な戦法を採らず、小技を巧みに使って地味でも堅実着実に成果を上げていく、というものです。

基本的にフィジカル面でどうしても欧米人など、ほかの人種にかなわない日本人が採る戦法として合理的だとされていますし、この考えは野球のみならずスポーツ界全般で広く採用されているように思います。

サッカーであれば、こまかくパスをつないで相手のミスを誘う。ラグビーも同じで、素早いパス回しで相手にスキを生ませる。

いずれにせよ、イチかバチかのギャンブルを排除して、確実性を求めるという考えで、まさしく冒険しないことにも通じています。

そして、このような考え方を常識とする親世代が子育てをすることで、結果として「過保護」を生み出すのです。

「冒険しない子育て」が過保護を生んだ

一時期「モンスターペアレント」という言葉が流行しました。

ひと言で説明すれば、「過保護すぎて周囲に迷惑をかける親」ということです。本人に迷惑をかけているという自覚がないところに、大きな問題があります。

モンスターまでいかなくても、現代の若者たちは一般的に、「昔の子どもより甘やかされている」ということが指摘されるケースが多いです。

子どもがたくさんいた昔の時代は、親が子どもの一人ひとりにかけられる時間も手間も、今と比べれば少なくて当然でした。

家庭を守ることが美徳とされていた女性の立場からすれば、家が電化製品であふれる前の家事は重労働でした。そのぶん、多くの時間を割く必要があるものでした。そんなことも、子どもに手をかけられない一因だったでしょう。

しかし現在は違います。

家事は電化製品のおかげで、時間も手間も大幅に少なくなりました。

日々の食卓だって、すべてを手づくりしていた時代と違い、お金をかければ外食や中食といった選択もできます。

かける手間や時間をゼロにすることも可能ということです。

さらに世界的な流れとして、子育ては母親だけの仕事ではなく、男女が手を取り合って分担するものだという認識も広がっています。

こうした要因が重なれば、子ども一人ひとりにかけられる時間や手間を増やすことができます。

昔と違って、今は子だくさんの家庭のほうがめずらしくなりました。少子化によって、ひとりっ子がどんどん増えています。

家族内に兄弟姉妹というライバルがいないおかげで、現代の子はますます多くの時間と手間を、両親からかけてもらうことができます。

こうして過保護、甘やかしの土壌ができあがってきました。そのうえに「冒険したくない」という、親が持っている精神構造が重なってきます。

「社会に出て恥ずかしくない、社会に出たあとで困らない」という人生をわが子に送ってほしいということに、現代の親は昔の親以上に神経質になっています。

未来の展望が明るくないのだから、できるだけ安定した人生を送らせたい。そう思って、手間も時間もかけて、何重にもわが子をプロテクトするのです。

20代は「無菌飼育世代」である

そう考えると、現代の若者が安定志向なのではなく、親によってそう育てられた、ともいえます。

その意味で現代の20代は、「**無菌飼育世代**」と表現できます。

少し前に「自分らしく」という言葉が流行りました。

これも、この無菌飼育と密接にかかわっています。

我が子を無菌飼育している親は、自分の子どもに「ありのまま」を求めがちです。無理はさせないし、無理することを求めない。「自分らしさ」だけを求めてスクスク育ってくれればいい。

こうして育てられた現代の20代は、自分に無理だと思えばすぐにあきらめます。挑戦しようという意識も希薄です。「冒険する」という選択肢が彼らの辞書にはないから、しかたがないのです。

無理をして挑戦することは、彼らにとって「ありのままの自分」ではありません。

だから周囲に対して露骨に反発したりすることもしません。ある意味では素直な性格で、親に無菌飼育されてきたおかげで非常に純粋なのです。

価値観の無限増殖と、ネット完結できる人生

インスタントに欲求を満たせる時代

「現在の20代は夢がない。欲がなくなった」と言われることがありますが、これは生物学的に見ても当然のことです。

そもそも動物の本能的欲求は〝死からの回避〟だけであり、その具体的なアクションが、空腹を満たすこと、安全に生活することです。

人間の歴史は飢餓《きが》との戦いです。現在も世界で8億人を超える人たちが苦しむ一方で、日本においては戦後以降、飢えて死ぬことがなくなりました。

人間が飢えの次に求めるのが安全欲求ですが、日本が世界でもダントツで安全な国なのはご存じの通りです。飢えず安全で、死ぬ危険が低い。

つまり日本は〝動物の本能として、やるべきことはもうない〟ということです。

人間の欲求についてはマズローの欲求段階説が有名ですが（ご存じの方が多いと思いますので、マズローの欲求段階説について詳述はしません）、それに当てはめるならば、飢えからの回避が「生理的欲求」で、安全に生活することが「安全の欲求」になります。

次の段階として「所属と愛の欲求」「承認欲求」「自己実現の欲求」がありますが、ここが上の世代と現代の20代とで大きく変わってきます。

たとえば今までのスタンダードな生き方であれば、

- **恋人や家族をつくる（所属と愛の欲求）**
- **マイホームや車を購入する（承認欲求）**
- **会社でパフォーマンスを発揮し、認められる（自己実現の欲求）**

という王道がありました。

しかし現代においては、

・恋愛ゲームやオフ会などで「所属と愛の欲求」を満たすことができる
・SNSで「承認欲求」を満たすことができる
・スマホゲームで「自己実現の欲求」を満たすことができる

このように、会社や友人との接点がなくても、インターネットだけですべての欲求をインスタントに満たすことができてしまうのです。

感動しない「平熱人間」にしたのは誰か?

現代の20代は上の世代と比べて、容易に経験値を上げることが可能です。

代表的なところで言うと「**旅行**」「**食事**」「**作品**」でしょう。

海外旅行をするにあたりＬＣＣ（格安航空）やエクスペディアなどの比較サイトが台頭してきたことで、格安で海外旅行に行けるようになりました。

先日仕事でハワイに行ったときの話です。大阪から来た仲間がいたので聞いてみたら、「航空券代は2万5千円だった」と言っていました。ハワイに1週間滞在しても10万円もかからない……すごい時代です。

食事に関してもハードルは下がりました。世界中の有名店が日本に出店し、コンビニや通販で商品化され、デパートには物産店でやってくる。ご当地でしか食べられないものが、いとも簡単に手に入るようになりました。

音楽や本などのコンテンツや作品も、YouTube・iTunes・Amazonの登場で店舗に出向き購入しなくても、ほとんど無料で得られるようになりました。

インターネットが台頭するまでは、とにかく経験するまでのハードルが高く、手に入れるまでの苦労に比例した感動を得ることができました。

「次は○○に行くために仕事をがんばろう！」

「次は○○を買うために仕事をがんばろう！」

このように、強い感動は快感に変わり、人は一度快感を得ると、また快感を得たいという欲求を満たすためにエネルギーが生まれます。


ですが、現在は経験までのハードルがほぼない時代です。

「安く」「簡単に」「気軽に」手に入るということは、経験に対しての感動や、また体験したいという欲求が生まれにくく、仕事をがんばる理由がないということです。

しかも、これからはVR（バーチャルリアリティ）の時代です。

自宅のPCやゲーム機から、VRで世界中の観光地への旅行が疑似体験できるのも、そう遠い未来ではないでしょう。

もしVRでの旅行が当たり前の時代が来たとき、はたしてずっと記憶に残るような感動を得ることはできるのでしょうか？

レビューに流され、熱が冷める

テクノロジーの発展により、経験に対してのハードルが下がったと書きましたが、本当の問題はそこではありません。

以前までは、現地に赴くまでは、パンフレットや雑誌を見るか、実際に行ったことがある知り合いに話を聞かせてもらうなど、限られた情報しか得ることができませんでした。

ところが現在はインターネットで検索すれば、画像や動画、グーグルアースによって観光地を見ることができ、ＳＮＳのタイムラインに画像や映像が流れてくるので、旅行したことがなくても、それなりの情報を手に入れることができてしまいます。

また、ここ10年でレビュー機能が一般的になりました。

旅行サイトに限らずレストランサイトや通販サイトでも、レビューで行動選択する人が増えました。

現代の20代は他人の意見に委ねてきた傾向が強く、リスクや失敗を嫌う世代。なので、レビューにネガティブなことが書かれていると「失敗を避けるために行かない」という選択をしてしまう人が多いのです。

経験するためのハードルが下がり、いつでも体験できるのに、失敗を避けるために体験はせず、知識だけが蓄積されて、気づいたら熱が冷めている。

せっかくの欲求が、経験せずに鎮火してしまうのは非常にもったいない話です。

多種多様な人間が集まる現代

私が小学生の頃は、友人の家に集まり、ゲーム機（当時はスーパーファミコン）で遊ぶのが主流でした。本体もソフトも高額で自分で買うことができなかったため、友人の家に行き、それをみんなで楽しんだり、ソフトを貸し借りし合うのが普通でした。

これはゲームだけに限らず、ＣＤやマンガもそうです。

当時はＴＶがメインの情報収集媒体でしたから、番組で人気のアーティストが新曲を発表した次の日には、誰かがそのＣＤを買ってきます。

そうすると、友人同士でそのＣＤのシェアが始まり、最終的にクラス全体が同じ娯楽を共有して楽しむという文化がありました。

しかし、私が高校生になったタイミングで、この文化はなくなりました。

理由はネットと携帯電話の普及です。インターネットが普及するまでは、家族や友人などの直接の知人としか交流が生まれず、情報もＴＶ、新聞、雑誌、ラジオなど同じような情報を流すマスメディアからしか得る手段がなかったため、得られる情報は極めて限定的でした。

ですが、ネットが普及し、誰もが携帯電話を持つようになったことで、いつでもどこでも誰でも、簡単にネットで、自分の趣味嗜好に合った新しい情報や友人と出会えるようになりました。

そして今では、クラスや会社で限られた情報をシェアするのではなく、ネットで新しい情報に出会い、人間関係を構築することができるようになりました。

学校や会社は画一化された価値観を生きる人間の集まる場ではなく、さまざまな趣味や嗜好を持った人間が集まる、多様化した場になったのです。

レコメンド機能の存在が「想定外」を遠ざけた

人間の趣味嗜好は多様化しましたが、一人ひとりで見ると、むしろ価値観は狭く深くなっている傾向があります。

ネットショッピングなどで日常的に触れることが多いレコメンド（オススメ）機能は、その代表例と言えるでしょう。

かつての店頭でのレコメンドコーナーは、不特定多数に向けた、そのショップとしてのおススメが並べられたものでした。

しかし現在では、ユーザーの消費動向に合わせて、個人向けにカスタマイズされた情報が自動でつくられ、ユーザーあてに勝手に提示してきます。

ですから、自分の好みなどを掘り下げていくのは簡単にできます。

自分で調べたりしなくても、優秀なレコメンド機能が、次から次へとあなたの趣味嗜好に沿った商品やサービスを提案してくれます。

そのレコメンド機能に反応することで、よりあなたの趣味嗜好データの精度が上がり、より正確性の高い自分の好みを紹介してくれるようになるのです。

そうして自分の趣味などの世界を、時間や手間をかけずに深めていくことが可能になりました。

しかし、このレコメンド機能に頼りすぎると「想定外」に出会う可能性がどんどん減ってしまいます。

レコメンドで示される内容は、自分が向いているベクトルとできるだけ同じになろうというフィルターがかけられているため、どれも想定の範囲内だからです。

ただ、私たちの人生の幅を広げてくれるのは「想定外」でしかありません。

本屋に行けば、本に関しては想定外の出会いがある可能性があります。CDショップに行けば、これも想定外の出会いがある可能性があります。

テクノロジーが発達していく現代においては、ネットショップで想定外と出会うことはどんどん難しくなっていってしまうのです。

このレコメンドと想定外を例えるならば、行きつけの気に入っている美容師に「お任せで」と言うのと、適当に入った美容室で「お任せで」と言うようなものです。

この場合当然、行きつけの美容師に比べて、適当に入った美容室のほうが、自分の意向に沿うという観点からすると失敗する可能性が高くなります。

これと同じく多くの場合において、レコメンドに比べて想定外のほうが失敗になる可能性が高く、リスクやデメリットしかない場合すらあります。

リスクやデメリット、マイナスといったネガティブな内容は、20代にとって、上の

世代が思う以上に非合理的です。

だから彼らは、想定外をできるだけ避け、レコメンドを採用するのです。

その結果、自分が想定できる範囲の、自分でどうにかできる無難な人生を好んで選ぶようになります。たまに冒険もするでしょうが、その内容も上の世代からすると「危ない橋」には見えないことが多いでしょう。

しかし、それこそが20代の最大公約数的な人生観です。

このことを、「間違っている」「認めるわけにはいかない」などと否定して突っぱねても、何も生み出しません。

判断基準は合理的かどうか

もっとも20代は、前述したように疑似体験の場に恵まれていて、簡単に知識のうえで経験値を上げることができてしまうため、レコメンド機能の有無に限らず、本物の体験に対して貪欲さが欠けているのも事実です。

しかし、このような実体験の有無は、上の世代が思っているほど重要性がありません。ここには「合理的かどうか」という判断基準があります。

今どきの20代は、ある意味でドライです。生産性や効率や合理性を、上の世代と比べてはるかに重要視しています。

実体験することが「合理的だ」と判断すればアクションを起こそうという気になる一方、実体験に合理性を感じないとか、疑似体験で十分だという判断をしたら、何が何でも実体験しようというモチベーションが生まれないのです。

ちなみに合理的かどうかという判断でいえば、「シェア」に対する認識も、世代間で大きな隔たりがあるようです。

「所有」というのは、従来型の考えでは基本的には個人に属することで、誰が何を持っている、というように説明できるものでした。

しかし、現在は「シェア」に対する価値観が広まっています。誰か特定の個人の所有物というのではなく、集団の所有物としてモノを見るのです。

この考えは、特に若い世代になるほど抵抗感なく受け入れています。シェアハウス、カーシェアリング……高額で自分のものにするには少し高嶺《たかね》の花だと感じるようなものを、集団で所有するのです。

ひとつのものを集団で所有するのですから、ひとり当たりの負担額は減ります。完全に自分のものではないので、利用するときには制限もかけられたりしますが、高額を払って所有するというのと、制限はあるけど安価に使用できる、という2つのパターンを天秤にかけたとき、**「高額を払うくらいならシェアでいい」**という判断が成立しているのです。

これは非常に合理的な考えです。

安くていいモノが容易に手に入る日本。その中でもとくに経済的に余裕がない若年層にとって、高額な買い物ほど、非合理的で意味の薄いアクションはないのです。

高額な買い物となってしまう自家用車も、カーシェアリングなどを活用して、買うことなく足として使ってしまうことが可能です。

シェアハウスも、上の世代に比べ、若い世代になるほど一般的になっています。

上の世代にとって、住宅は一生に一度の買い物であり、自分の人生の集大成でもあり、自分の夢や最終目標だったりしますが、20代にとっての住宅は、そういう存在ではないのでしょう。

できれば住宅は自分名義で、と考えるのが上の世代なら、名義などに関係なく快適な住居に住みたい、と考えるのが20代です。

その延長で現在では、洋服もシェアするような時代に入っています。

その意味では「所有」という概念そのものが、20代には育まれていません。

そう思えば、価値観にドラスティックなパラダイムシフトが起きていることも納得です。従来の「ジェネレーションギャップ」とは比べ物にならないくらいの断絶が、価値観の上で生まれていると言ってもいいでしょう。

上の世代の中にある、ステレオタイプとニュータイプ

上の世代が当然と考えている、社会人のステレオタイプ

上の世代が考える社会人のステレオタイプと、20代が考えるそれとは、まるで異なるものだということが見えてきます。

基本的に上の世代は、周囲にいる同年代との比較で、自分の人生というものを測ろうとします。

「同期の中で最初にマイホームを買ったのは誰か」
「同級生で一番の出世をしたのは誰か」
「お隣さんが持っているものが、自分の家にもあるか」

このように、周囲に対して自分が足りているか欠けているか、そんなモノサシで自分の人生を見ていきます。

ところが今の20代は違います。

周囲との比較をすることもありますが、そのことに重きを置く比率が上の世代よりはるかに低いのです。各自が理想を持っていて、それぞれの理想を並べたときに、上の世代ほど共通項が見られません。

たとえば、会社勤めを始めるというのもそうです。

入社して社会人となれば、自分で考えて自分で動かなければなりません。

そして、その方法などは学校の授業で習ってきたものではありませんし、教えてもらえる内容でもありません。

上の世代は、そういう社会の常識というものを体験の中で覚えていき、試行錯誤しながら解決策を自力で編み出し、あるいは周囲を観察して、見よう見まねで自分のものにしていくことが当然だと認識しています。

これを可能にしているのは、「人生は必ずしも思い通りに進まない」ということを体験的に知っているからです。

不便を感じたときには自分でどうにかするしかないという、経験に裏打ちされた人生の法則を、当然のものとして身に付けているからなのです。

スマホは命より大切？

ところが時代は変わり、現在は上の世代が20代だった当時と比べて、飛躍的に利便性がアップしています。

かつては不便だからこそ生まれた〝考える余地〟が、便利になりすぎて狭まってしまったり、なくなってしまいます。

このことが20代にどんな影響を及ぼしているのか。

いざ、自分で考えたり動いたりしなければならないという状況に置かれたとき、それらの便利なツールに頼ってしまえばいい、という気持ちが働くのです。

おまけに技術革新などで、その便利なツールは安価に手に入ってしまいます。

そんな世の中だから、「自助努力でどうにか乗り越えよう」という気持ちが、今どきの20代には芽生えにくいのです。

現代の若者は、上の世代と比べてスマホなどへの依存度が高いです。

上の世代にとっては、「人生の途中で革新的な技術として登場したもの」がスマホですが、20代にとってそれは、「物心ついたころから普通に身近なツールとして存在していたもの」です。だからスマホに対する感覚が違うのは当然です。

そしてスマホは、上の世代が想像する以上に、20代にとっての存在価値や存在意義が、とてつもなく大きいものです。

上の世代にとってスマホは、通信ツールやゲーム機代わりの道具。その存在は生活を以前より便利にしてくれましたが、どこまでいっても道具でしかありません。

一方で20代は、全員が全員ではありませんが、スマホを単なる道具として認識していません。それ以上の存在感をスマホに見ていて、場合によっては自分の人生や自分の命と同等のものとして認識しています。

小さなときから普通に自分の側にあって、何かを調べようとか何かのアクションを起こそうといったときなど、人生のさまざまな局面で、自分のことを大いにサポートしてくれてきたのがスマホ。自分の身代わりのような役割を果たしてくれることだってあります。

そんな存在だから、スマホと自分を切り離して考えるということが、そもそも想定されていません。だからスマホを持たない生活など、想像もできません。

上の世代の想像をはるかに超えて、20代とスマホは離れ離れにしてはいけない間柄なのです。

「今どきの20代……」は上の世代の思い込み?

本書の冒頭にて、「ゆとり世代」などの言葉で20代をカテゴライズしようとする上の世代が、かつては「新人類」などの言葉で、さらに上の世代からカテゴライズされていた……という歴史的な経緯を紹介しました。

「新人類」などと呼ばれていた上の世代は、その当時、そうした言葉でカテゴライズされることに対して、どのように感じていたのでしょうか。本書を手にしているあなたが、まさしくその世代だとしたら、少し思い返してほしいのです。

「そんなこと言われてもな……」と、言われるたびに対応に困って、カテゴライズされている事実そのものに違和感を覚えてはいなかったでしょうか？

現代の20代も、まったく同じです。

私の周囲の20代に聞いてみると、「そんなこと言われてもな……」と、答えにする言葉が思い浮かばない、あきらめとも呆れともいえない不思議な感覚に陥るという人が、半数以上にのぼります。

「ひとくくりにされたくない！」と反発するような人も、なかには4割近くいます。

おそらく「ゆとり世代」と口にしている元・新人類も、同じように、「ひとくくりにされたくない！」と反発していたのではないでしょうか。

こう見てくると、20代に対して「自分たちとは何もかも完全に異なる」と思っていたことが、じつは現実に即していないのではないか？　という疑問も浮かび上がってきます。

時代背景など環境が理由となって、人生観や行動様式など、こまかい部分では大きく異なるところも見られると思いますが、根本的には、「社会に出たばかりで社会をよく知らない若者」という社会の中でのポジションです。これは現代も20年前も、それこそ大昔でも変わらないと思います。

だから「今どきの……」というレッテル貼りは、ある意味で上の世代の思い込みに過ぎないのです。

この、自分から進んでつくっている壁やハードルを、いかに取り除いていくか。そうして世代間ギャップを超えて、いかに世代間で上手に付き合っていけばいいか。

そうしたことを本書では考察し、私なりの提案をしていこうと思います。

20代の思考回路は消去法。そして他人に夢を託す

選択肢がない20代は「消去法」に頼る

かつての日本は、ひとくくりにされたステレオタイプに自分が当てはまること、ステレオタイプの実現がイコール「幸せ」でした。

そのステレオタイプは、ひと言で示せば「所有欲を満たすこと」でもありました。物質的な充足感が幸福と同じ意味だったのです。

1960年代であれば右肩上がりの給料で、昨日より今日、今日より明日という具合に生活を豊かにすることです。豊かさとは結局のところは、「ほかの家庭にあるモノは自分の家にもあるようにする」ことでした。

「三種の神器」と総称された白黒テレビ、洗濯機、冷蔵庫が各家庭に普及したら、次は「3C」で車、クーラー、カラーテレビを揃える、といった具合です。

そして団地ブームになれば、団地に住むことが憧れとされ、団地に住むことを目標にしました。続いて持ち家がブームとなれば、念願のマイホームを持つため一生懸命に働き続けるといった流れです。

こうしてバブル期まで、日本人は基本的に、「何かしたい」という衝動に突き動かされて生きていたと言えます。

「冷蔵庫が欲しい」「カラーテレビが欲しい」「家を持ちたい」といった欲求を実現していくことです。それは、今の自分に足りていない何かを、順を追って手にしていく過程でもありました。

ところが現在の20代は、「何かしたい」という欲求に先立って、「これはしたくない」というものを、消去法のように人生から外していこうと考えます。

これは時代背景などの違いとも重なるでしょう。

現代の20代は、1960年代の若者やバブル期に青春期を過ごした世代と違い、彼らが憧れ夢に見ていたものを、すべて生まれながらにして持っています。

洗濯機は洗濯後に手で絞る必要があったのに、今は全自動が当たり前です。

冷蔵庫は1ドアで氷がつくれれば上等だったものが、3ドア、4ドア、5ドアが当然で、氷が自動でつくられて、野菜室の庫内温度が冷蔵温度と違うなどという機能は、あっても驚きません。

団地はレベルアップして高層マンションに、一軒家も機能性などは半世紀前と比べ物になりません。

車なんて家にあっても不思議ではありませんし、地域などによってはひとり一台ないと生活が不便です。

テレビにいたっては、一家に一台どころかひとり一台すら超えて、今やテレビ受像機がなくてもタブレットなどで見ることもできます。

ソフト面で見れば、ビデオデッキが普及する前の、見逃した番組を見る手段など限られていた時代がウソのように、今では見逃し配信サービスなどを使えば、手軽に好きなときに視聴できます。

こうして「モノ」という観点では十分に恵まれている彼らは、近づけたいものと遠ざけたいものを吟味して見るようになります。

すると、ここでも考え方にパラダイムシフトが起きます。

かつては選択制で、それを欲しがるかどうか、どの順番で手に入れるか、などといったことを自分の思うように選択できた、いわば人生のカスタマイズの幅が大きかった時代だと言えます。

しかし今は、すでにいろいろ揃っているため、カスタマイズの余地が少なく、カスタマイズするとしたら余分なものを削っていくという方向に考えが向かうのです。

他人に夢を託す「ことり世代」

冒険をせず、モノという観点で成熟し、自己実現という選択をしない20代。

それは自分自身の力で生き抜いていこうという、「生に対する執着」が薄いという説明もできると思います。

そうなったのは、「親が一生、自分の面倒を見てくれるだろう」という期待を抱いているからで、実際にそうなるだろうと思っている節もあります。

高齢化が進み、自分たちの親が明日にでもこの世を去るのではないかという恐れや不安が薄らいでいることもあるでしょう。「過保護」にされて当たり前で育ってきたため、彼らは人生経験という形で、生きる力の源を十分に蓄えてきていません。

いわばガソリンが空っぽのまま、社会に出てきているようなものです。

一時期、「草食系男子」という言葉が流行しましたが、これは男子だけにかぎりません。性別によらず20代に特有のものだと思います。

こうした20代を、私は「ことり世代」としています。

親がエサを運んでくれるのをひたすら待つ、自分から能動的に動かない、動かずにいても欲求は満たされる……そうした特徴が、生まれたばかりのひな鳥に似ているからです。

このひな鳥たちは、先に記したように生きるためのガソリンを給油できていません。

その状態で、本書を手にしているような上の世代、あなたの前に現れます。

だから上の世代が20代に対して最初に為すべきは、「給油」なのです。

給油もせずに走れと言われても、燃料がない20代は戸惑うだけです。場合によってはいじめられているとすら感じるでしょう。

さらに合理的であることを好むのですから、「不合理で不条理で理解できない存在」として、上の世代をますます「消去法」によって遠ざけようとするでしょう。

そうならないために、20代の特徴と価値観を把握して、20代に対する向き合い方を考える必要があるのではないかと思います。

価値観のズレを認識できるゲーム「20の質問」

ここまで第1章では、他人を理解しようと努めることの重要性と、20代を理解するために、現代の20代がこのようになった背景について書いてきました。

あなたが20代だったときと現代の20代とでは、まったく違う価値観を持った生き物であるということは、頭では理解できたと思いますが、なかなか腑に落ちないこともあると思います。

ならば、価値観の違いを体感してもらうのが早い。

ということで、私が研修でよく使う「相手の価値観を知るためのゲーム」があるので、そちらを紹介します。


このゲームを「20の質問」と言います。

これは一対一でおこなうゲームで「質問者」と「回答者」というように、異なる役割を演じます。ルールはいたってシンプルです。


【手順1】回答者は、頭の中にキーワードを一つだけ思い浮かべます（キーワードは小学生でも知っていることくらいのレベルがおススメです）。

【手順2】質問者は、相手の頭の中にあるキーワードにたどり着くために「YES」か「NO」かで答えられる質問をします。

(例)

×ダメな例↓「それはどれくらいの大きさですか?」

○いい例↓「それはタバコよりも大きいですか?」

【手順3】回答者は、20回の質問以内にキーワードにたどり着けばクリア。

20回という制限された質問回数の中で、正解に迫れるかどうか。

非常に単純なゲームですが、これが面白い結果を招きます。

回答者の価値観によっては、質問の流れが想定外の方向に行ってしまうのです。

たとえば、あなたは「コーヒーは食べ物ですか?」と質問されたら「YES」と

「NO」のどちらで答えますか？

これはほとんどの方が「NO」と答えるはずです。

コーヒーは飲みものですから当然「NO」ですよね。ですが、「飲みものは食べ物のジャンルに入る」と思っている人は、この質問に「YES」と答えます。

そんなひねくれた人間いるのか！　と思われるかもしれませんが、じつは私は「コーヒーは食べ物ですか？」と質問されたら「YES」と答えます（笑）。

ですが、ここで「それ（コーヒー）は食べ物ですか？」の質問に対して、「YES（食べ物です）」と答えられると、質問側は「よし、じゃあ飲みものじゃないんだな」と思い込みます。

そうすると、食べ物を前提にした質問を繰り返して、コーヒーから遠ざかっていくことになり、質問者は混乱し、思考は迷宮入りしていくことになります。

一方の回答者も、まったく正解に近づいてこない質問者の意図を計りかねます。

こうして20回の質問が終わった後に答え合わせをしてみると、自分と相手とで価値観が異なっていたゆえの誤解が生まれていたことが、ようやく判明するのです。

じつは、これと同じような「ボタンのかけ違い」が、上司や先輩と部下の間では、日常的というレベルで起きています。

仕事で強い価値観の相違が生まれた場合、相手を否定したり、非難したりと深刻な問題が起こりますが、多くの場合はこのようなボタンのかけ違いからです。

そんなときは、この「20の質問」ゲームを通して、楽しみながらお互いの価値観を知ることをおススメします。

ぜひ、この「20の質問」で、自分と他人とのウソのような価値観のズレを体感してみてください。

「20の質問」ゲームで、価値観のズレを確認

手順①

回答者は頭の中にシンプルなキーワードを思い浮かべる。

手順②

質問者は回答者の頭の中のキーワードを当てるため「YES」「NO」で答えられる質問をする。

20回以内の質問で
キーワードにたどり着けたらOK!!

第2章

今の20代は何を求めているのか？

求めていない、求められたくない

何も求めるものがない20代は、求められたくもない

前章では現代の20代が持つ主な特徴や、その傾向などを説明しました。

そこで第2章のテーマとして、「今どきの20代は何を求めているのか?」ということを選びました。このことを考えるとき、これがじつは矛盾した問いかけだという前提を無視することができません。

先に結論を書いてしまうと、「今どきの20代は何も求めていない」のです。

だから、一生懸命に求めているものは何かを探し当てようとしても、お目当ての正解は存在していないのです。そのことは、すでに第1章で触れた20代の考え方や行動様式を見れば理解できると思います。

周囲との比較をあまり重んじないという考え方。

これは突き詰めていけば、**「周囲との比較で足りないところを指摘されて、それを自分に求められたくはない」**という考えに行き着きます。

自分の世界がスマホの中に集約されているため、それ以上のものを「求めない」という生き方も可能です。疑似体験で済ませてしまう行動パターンが身についている20代。手元のスマホで手軽にできてしまうので、それより面倒な方法を求めない。

そういう考えだから、実際に自分の体を使って体験するということの重要性をいくら説いたところで、彼らの心は動かせません。

求めない20代でも「欲求」は持っている

さらに矛盾した表現になってしまいますが、何も求めていない20代が、何の欲求も持っていないわけではありません。

上の世代が考えるような「求めるもの」がないだけで、現代の20代ならではの「求めるもの」は、確かに存在します。

自分たちの常識外のところに「欲求」を持っているため、パッと見ただけでは、いかにも何も求めていなさそうに、上の世代からは見えてしまうだけです。

また、「求められたくない」ことがあるとわかっても、その中身については、上の世代は十分に認識していません。これが、ますますジェネレーションギャップを巨大なものに見せているようでもあります。

20代の「欲求」と「求められたくないこと」を正しく理解しようとすれば、そうした錯覚から目をそらせることができて、今まで以上に20代の本当の姿を見ることができるようになります。

そうなることがコミュニケーションを円滑に進められる第一歩だと思いますし、そういう関係になることを、じつは20代のほうだって願っています。

それでは次に、20代と付き合うために欠かせない前提条件としての、20代の特質について、さらに深く見ていきましょう。

20代が確実に嫌がる、触れてはいけない5つのタブー

「飲み会」「残業」「責任」「干渉」「夢」……全部イヤだ

今どきの20代が何を求めているのか?

そのことを知る前に、彼らが求めていない、求めていないどころか忌み嫌っている「触れてはいけない5つのタブー」について説明したいと思います。

20代が触れられたくない領域を知って、それから彼らの欲求を知るほうが、おそらく理解も早いと思うからです。

さて、今どきの20代は何も深く考えていないように上の世代からは見えるようです。求めるものを持っていないし、身近に接していても、いわゆる〝熱さ〟を感じる場面もないからです。

しかし、自分なりの意見がまったくないのかというと、そうではありません。

「したくないこと」については、キッパリ断りを入れるなど、場面によっては上の世代が躊躇《ちゅうちょ》してしまいそうな強い意思表示を見せることもあります。

これには理由があります。

20代は上の世代と、自分自身に対する向き合い方が異なるからです。

上の世代は、自分自身のことを主観的に見つめて、物事を判断したりします。

ところが20代は、自分たちを客観視する術に長けています。

それが彼らなりの処世術だとも言えます。他人事のように自分のことを話すという話法は、おそらく世代が下になるほど一般的なものだと思います。

客観的に自分を見つめたうえで、上の世代に比べればはるかに合理的に「YES」と「NO」を判断しています。

客観性が先に立っているから、考えた結果もストレートに表現します。

そのため、一見するとドライにも思えるような意思表示をすることがあるのです。

そんな客観的な視点に立っている彼らに対して、上の世代がしてはいけないアプローチが5つあります。

それが「触れてはいけない5つのタブー」です。
キーワードとして並べると以下の通りです。

①　飲み会
②　残業
③　責任
④　干渉
⑤　夢

それぞれ見ていきましょう。

合理的な意義を見出せない「飲みニケーション」

タブー①の「飲み会」は、昭和の時代には「飲みニケーション」として広く一般化していた、上司と部下のコミュニケーション手段でもありました。

「無礼講」という言葉も好んで使われ、部署単位やグループ単位で歓送迎会を開いたり、忘年会や新年会を催したり、何かの理由が付けられるときには、みんなそろって飲みに行くというのは疑問の余地もないものでした。

この「飲みニケーション」を、今の20代は否定的なものとしてとらえています。

まず、アルコールをたしなむことが大人の仲間入りのようにカッコイイものととらえられていたのが、20代にとっては、そうではありません。

それどころか、酔っぱらう姿は完全にカッコ悪いものでしかなく、酔って騒いだりストレスを発散したりするというメンタリティが、まるで理解できないのです。

ストレス発散にアルコールを頼るという発想そのものが、まるで理解できない代物で、別にアルコールでなくてもいいし、アルコールでなければならない理由もないからです。

また、仕事の延長で人間関係を持ち込んで、仕事が終わった後も上司や先輩と付き合うという行動パターンが、まったく合理的ではありません。

さらに付け加えれば、仕事上の話は仕事時間内に会社ですればいいことで、何も仕事が終わったプライベートタイムを割いてすることではありません。

こうした理由がさまざまに重なって、20代にとって「飲みニケーション」は、意味がない、くだらない時間を過ごすことと考えられているのです。

若者の悩みを聞いてあげる親身な上司や先輩をアピールしたいなら、ますます「飲みニケーション」はマイナスに作用します。

仮に相談したいことがあれば、今どきの20代は基本的に自分から申し出ます。何もないのに「何かないか?」と尋ねられることは、合理的ではないのです。

彼らにとって、仕事が終わった後の時間は完全にプライベートなもので、そこで会いたいのは、気が合う仲間や趣味を同じくする友人などです。

自分とは価値観を同じくしていない上司や先輩と、率先して一緒に過ごそうなどと思うはずもありません。

だからこそ、心の距離を縮めようと思ったとき、「飲みニケーション」に頼るのは愚策とも言えます。これは20代である部下や後輩の心情を、何も慮《おもんぱか》っていないと自ら告白するようなものだからです。

なかには、仕事が絡んでいると思ったら誰の誘いであってもその飲み会には参加しない、と決めている猛者もいます。そして、これは少数派ではありません。

つまり飲みに誘うのは、まったくの逆効果でしかないのです。

そして、このことは、プライベートと仕事をキッチリ分けるという、上の世代があまり馴染んでいない社会人としての処世術を、20代が当たり前のように持っていることと関係しています。

残業って何のためにするの？

そこで20代は、タブー②の「残業」も避ける傾向を強く持っています。

残業することによって明確な結果の違いや成果が表れるのであればともかく、何の理由もなかったり、その理由に合理性を感じなかったりすれば、その残業は20代にとって、しなくていいことなのです。

しかし、20代がみんな残業を徹底して避けようとしているわけでもありません。それどころか、自分が納得できれば素直に残業します。

ただ、納得をしてもらえるほどの説明もなく、「残業しろ」だけでは、まったくの不条理にしか感じられないのです。

なかには、がむしゃらに働く背中を見せて、

「自分もこれだけ働いているんだから、お前たちも当然残るよな?」

という無言の圧力をかけようとする、時代錯誤も甚だしい上司がいます。

合理的な意義があるのなら話は別ですが、明日に回しても問題がない案件を、残業してまで今日中に仕上げるなどといったことに、20代は意味を感じません。

そして大半の残業要請は20代にとって何の合理性も認められず、ただただプライベ

ートな時間を無意味に削られる苦痛でしかないのです。

「公私の別」がハッキリしている20代

「残業したくない」と同一線上で語ることも可能なものに、タブー③の「責任」や、タブー④の「干渉」があります。

ここでいう「干渉」とは、プライベートに踏み込まれることです。

プライベートな時間を奪われることはもちろん、自分のプライベートを明かすなどといったことも含まれます。だからプライベートなことに関わる話題を、自分から打ち明けるように仕向けられるのは、20代にとって我慢できないことです。

そういう意味では、20代は上の世代より「公私の別」を厳密につけていることがわかります。

また、プライベートへの干渉を嫌うのは、そこに合理的な理由を感じないことも一因としてあります。

自分のプライベートを聞き出した上司や先輩が、それを聞いたことによって得られるメリットは何なのか? ということです。

おそらく上司や先輩からすれば、もっと深く人柄を把握して、さらに親密にコミュニケーションを取りたいと願ってのことなのでしょうが、仕事上の親密さを上げるためにプライベートな情報を欲するという論理が、20代には納得できないし、理解できないのです。

多くの場合、仕事を円滑に進めるうえでプライベートな事柄が重要になることはありません。仕事を進めるスキルなど、仕事を円滑に進めるツールは仕事時間内に、作業の中に含まれているからです。

そうした合理的な判断をすれば、プライベートな話題は職場では関係ないものですし、「ほうっておいてくれ!」と言いたくなるのも理解できます。

「責任」にも区分けがされている20代

責任を負わされることも、全部が全部を否定しているわけではありません。

しかし基本的に20代は、「自分がしていることに対する責任」だけしか見ていません。

だから「連帯責任」などという発想は理解不能ですし、他人の行為の結果が自分に大きな影響を及ぼすということも好みません。

また、「ここは自分が責任を負う立場ではない」という客観的な視点もありますから、自分より先に責任を負うべき立場の人物というものを、上の世代よりも強く認識しています。

それを飛び越えて、「お前の責任」などと言われても、納得できるはずもないのです。

それが上司や先輩から言い渡された作業だったりすれば、なおさらです。

もともと、「求められたくない」のが20代。

だから、上司や先輩の裁量で仕事を振ってきたのに、その裁量権に対して、実際に作業している自分に責任を負えというのは、意味がわからないことなのです。

一方で、責任を負うということが生じると、自分の自由意思で物事を進められないという窮屈な思いをする、と考える20代もいます。

「求めていないのだから、求めないでほしい」という20代の基本的な考え方が、残業や責任を避けて通ることにもつながっています。

これらの延長で、20代は自己実現の手段として、「出世」というものを考えていません。もちろん夢でも何でもなく、あってもなくてもいいというくらい、重要度が低いことです。

出世する気がさらさらないのですから、余計に仕事上の責任を持たされることを好むはずがありません。

20代にとって「出世」とは、自分の努力でつかみ取るものではなく、あくまでも

「結果論」に過ぎないのです。

20代にとって「夢」とはファンタジー？

プライベートへの干渉を嫌ったり、出世欲がなかったりといったことと関係してくるのが、タブー⑤の「夢」です。

現代の20代は原則として、夢を持つことや、持ったとしてもそれを周囲と話すことにメリットを感じていません。

とくに「夢を語る」ということに対して、合理的な意義を感じないという20代の割合は、多いように感じられます。

夢を持つことまでは否定しなくても、それをわざわざ周囲に語ることに、果たして意味はあるのか？

夢を語られたほうは、それを聞かされることによって何のメリットがあるのか?

そういったことをドライに判断するのが20代です。

「別に語らなくてもいい話」というのが、20代にとっての夢の中身です。

そして、「夢はかなう」という上の世代にとって耳なじみのあるフレーズも、20代にとっては、おとぎ話の世界でしかありません。

「夢を語れば、いずれ実現する」という論法は、彼らにとってファンタジーでしかありません。

現実的で等身大の世界に身を置くこと。それこそが、じつは「求めない」「求められたくない」のベースです。

そこで、夢を語るという行為は、20代にとっては単なる大言壮語にしかならないのです。それを堂々と周囲に語って回ることは、彼らにとって、気持ち悪い行為でしかないのです。

20代にも欲しいものがある……これが彼らの潜在的な欲求だ！

「メリットを感じる仲間」と「尊敬できる上司」を求めている?

前項で今どきの20代が避けたい「触れてはならないタブー」を5つ紹介しました。

それは、表面に現れた顕在的欲求ともいうべきものです。

では次に、彼らが本音の部分で手に入れたいと願っている、「潜在的欲求」がどういうものなのかを、見ていこうと思います。


一時期、「好きなことをして生きていく」というフレーズが流行しました。

これは現代の20代の気質や欲求が、見事にはまった結果だと思います。

20代は「消去法」の論理によって、「したくないことを避ける」ことを重要視しているため、自然と好きなことしかしたくないという考えが育まれています。

これは彼らが持つ欲求の最大公約数といえます。

こうした生き方を実社会の中で見せていく、その姿勢が彼らの潜在的な欲求を表現しているのだとしたら、内に秘められた潜在的な欲求もどこかにあるはずです。先に見た「5つのタブー」の裏側を丹念に観察していくと、彼ら20代が潜在的に持っている欲求も見えてきます。

これが面白いことに、40代など上の世代と、あまり変わらないものなのです。

まずは、「仲間」です。

しかしこの言葉に込められた意味は、上の世代より限定的かもしれません。上の世代は、多くの仲間を求める傾向がありますが、20代は違うからです。「仲間」とは、漠然とした友人ではありません。趣味嗜好が合うとか一緒にいて気が休まるなどといった具体的なメリットを感じる、できればウィンウィンの関係を築ける、プライベート空間をともにできる間柄です。

そして次が、「尊敬できる上司や先輩」です。

彼らは上の世代と距離を取りたがっているように思われがちですが、まるっきり上の世代との付き合いをしたくないというわけではありません。

「これは!」と思える上司や先輩が身近にいれば近づきたいと思っていますし、そういう存在と出会いたいという欲求も強く持っています。

ここが問題で、彼らは「一緒にいて楽しい」などというレベルではなく、ワンランク上といえる、「尊敬できる」存在と出会いたいのです。

上の世代であれば、一緒にいて楽しいとか、自分にない経験をしているなどの理由だけでも、十分に先輩や上司として憧れたり尊敬したりできます。

しかし20代は、自分が心から憧れて、自分の思いを託せる対象でないと、上司や先輩として認める気にならないのです。

その「尊敬」は、あくまでも自分の中で想定できる範囲での「尊敬」です。

自分には想像もつかない経験をしているからといって易々と尊敬するわけでもありませんし、そこはあくまでも彼ら流の「想定内」でのものです。

また、20代が持っている承認欲求も、上の世代とは微妙に異なります。

上の世代が持っている承認欲求は、「自分のことを認めてほしい」というものです。

仕事での実績を認めてほしい、自分の考えを認めてほしい……。自分がした何かを周囲に認めてほしいという欲求です。

一方で20代のそれは、「否定されたくない」という気持ちに偏った欲求です。

否定されたくないけど、人の役に立ちたい「ことり」たち

第1章で、無菌状態の温室で育った「ことり世代」たちは、否定されることに不慣れだと書きました。そんな「ことり」たちを、いつでも無条件に肯定し続けてくれる存在は、両親しかありません。

そこで20代は、両親以外に自分を肯定してくれる存在を求めることになります。

若い世代は「理由もなく仕事を休む」ということを指摘されることがあります。

これは、じつは承認欲求の表れといえます。

彼らは、彼らの行動を否定されたくなくて、いわば肯定してくるか否定してくるかを試しているのです。

理由なく休むとして、その欠勤の連絡を入れるのが本人ではなく親だったりしますが、これは親が子どもの考えや行動を否定しないという前提に基づいています。

これに過保護も加わって、親としては当然の務めと言わんばかりに、子どもに代わって欠勤の連絡をするのです。

一方で20代は、上の世代以上に「人の役に立ちたい」という思いも強く持っています。「役に立っている」と認められることは、まさしく承認欲求を満たされることだからです。

役に立つ行動として選ばれる行為は、お金と無縁なものです。

たとえばクラウドファンディングに積極的に参加してみたり、有益だと思われる情報を積極的にシェアしたりするというのは、役に立ちたいからであり、その役に立つ方策として知っている数少ない手段を、積極的に利用しているのです。

ここには、「自分の行為を肯定してもらいたい」という潜在的な欲求が、大きく影響しています。

20代だって「生きがい」を強く求めている!

そして20代もまた、「天職」「生きがい」といったものを、強く欲しています。

彼らは冒険できない世代で、消去法でしか人生を歩んできませんでしたが、それでも上の世代と同じように、不完全燃焼感を強く抱いています。

その理由として、人生が満たされていないということにも気づいています。

満たされていないのはなぜかといったら、自分が心の底から打ち込める何かに出会っていないから。

客観的で合理的な20代は、そこまできちんと理解しています。

出会いたい何かとして、20代も自分に適した仕事などを求めているのです。

このことは、若年層の離職率の高さで裏付けられています。

多くの場合、すぐに仕事を辞めてしまうのは、「今どきの20代が我慢できない世代だから……」というような説明をされますが、本当は違います。

彼らが出会いたい「天職」ではなく、その仕事に「生きがい」を感じなかったから、次の挑戦をしようと考えただけなのです。

心が満たされないまま、不満を抱えたまま仕事を続けるというのは、20代にとってまったく合理的ではありません。変に我慢して心の病気を抱えてしまうくらいなら、さっさと辞めて別のチャンスを探すほうが得策なのです。

こうして見てくると、自分の世界に閉じこもりがちだとも思われている20代も、上の世代が考える以上に、人や仕事との出会いを求めていると言えます。

20代と上手に付き合うための「2つのP」と2種類のモチベーション

20代の心を「2つのP」で把握する

先に種明かしをしてしまうと、「2つのP」とは、

- **パッション（Passion）……情熱、熱意**
- **ペイン（Pain）……痛み、苦しみ**

を指しています。

簡潔に記せば、「したい」「好きだ」などの能動的な姿勢を示すことができる対象がパッションで、前向きな心を育んでくれるものです。

逆に、「したくない」「嫌い」などの避けて通りたい対象がペインです。

これまでに記してきた内容に照らせば、顕在的欲求としての「5つのタブー」は「ペイン」ですし、潜在的欲求は「パッション」と言えます。

私が観察したところでは、「パッション」も「ペイン」も、お金関係と人間関係の2方向で強い傾向があるように思われます。どちらも仕事と深く関係した要素だと言えるでしょう。

20代が出会いを強く求めているというのは、このことからも理解できます。

問題なのは、20代は自分が持っている欲望の中身や、その欲望を達成するための解決方法を、具体的なものとして自覚できないところです。

つまり出会いにいたる過程を、自分でつくり出す術に疎《うと》いのです。

彼らは「求めない」生き方で、冒険というものを知りません。想定内のレコメンド化された人生しか知らないので、当然といえば当然かもしれません。

そして、何が自分にとっての「パッション」や「ペイン」なのかも、はっきり認識できない状態にある場合もあるのです。

2種類のモチベーション

プラスのエネルギーに満ちた20代もいれば、消去法でしか人生を選択できない20代もいます。

異業種交流会に対する20代の考え方や、その活用方法などを見ると、おもしろい傾向が発見できます。

たとえば上の世代は、

「未知の素晴らしい出会いがあるかもしれない」

「今まで知り得なかった情報に触れられるかもしれない」

などの前向きなモチベーションから、とりあえず参加してみようかなという判断に行き着くことが多いかもしれません。

飲み会のような場合でも躊躇なく参加を申請することができると思います。あるいは形式ばった会合でも同じでしょう。

ところが20代は、そうではありません。

さまざまなチャンスが眠っていると思われる異業種交流会でも、オフ会的なライトなものなら参加しようという気になりますが、そうした「想定内」から外れた催しの気配を感じると、参加をためらうのです。

想定内から外れるというのは、何の縛りもないということです。

まるっきり雑多な参加者のセグメントとなると、どんな人物がどのように集っているのかイメージが湧かず、そこにいる自分の姿を想像したとき、ワクワクした期待感よりも、不安のほうが大きくなってしまいます。

そこで彼らが求めるのは、全員が初対面だとしても何らかの共通項があると事前に安心できる、縛り付きの会合なのです。だから、「異業種交流会」と銘打たれるよりは、「○○オフ会」などと銘打たれたほうが安心です。

こうして「消去法」によって安心できる部分を生み出し、そのことによってモチベーションが形成される「ネガティブモチベーション」の持ち主が多数派です。

逆にワクワク感や希望を持って新しいステージに踏み出そうという「ポジティブモチベーション」をつくり出せる20代は少数派です。

しかし、上の世代もそうですが、その両軸ともに持ち合わせている二面性は、人間であれば年齢性別を問わず誰でも備えています。

そこで、どちらのモチベーションをより強く持っているか、その個性をしっかり観察して、モチベーション上の持ち味を活かせるような対応を、上の世代が考える必要も出てくるのです。

次章では、そういった特性を踏まえたうえで、今どきの20代がどんなときに動くのか、動かすのに適した言葉かけなどについて、触れていこうと思います。

第3章

今の20代に言うべきこと、言ってはいけないこと

言うべきこと、そしてタイミング

今どきの20代が考える加点式と減点式

何度も言うように、現代の20代は「ことり世代」です。

彼らは否定されることを好みません。つまり、叱られることに慣れていません。そして基本的に加点式の考え方です。

仮に上の世代から減点を言い渡されると、上の世代が想像している以上の激しいダウンとして感じ取ります。

逆に加点式とはいいながら、そのアップ幅は緩やかなものです。

こうしたことから、上の世代的には、

「1＋1－1で、今は＋1の状態かな」

と考えていても、受け止め手である20代は、

「1+1=10で、トータル=8だ」

と、評価をしているというギャップが生じます。

そこで20代に対するときは、ミスの中に加点ポイントを見出すというような配慮も求められるようになります。といっても、特別なことではありません。

結果いかんにかかわらず、努力した過程が見られたら、それを褒めるだけです。

褒めるという行為には、相手への共感が少なからず含まれています。

これは信頼関係がないと、基本的にはできないことなのです。

少しの「がんばった」をやる気に変える方法

ここでちょっとした裏技的な発想があります。

仮に「がんばった」という褒め言葉だけだと、言葉をかけられた側の20代としては単純にプラス1の評価です。

ところが、周囲がそこまでがんばっていない状況下だった場合、全体のベースがマイナス1になっています。

すると本人的には、プラス2の評価をもらったのと同じ意味になります。

これはさらに、プレミアム感まで与えてくれるものです。「自分だけががんばった」ということだからです。

褒めることの延長線上で、「君に期待している」というような言い回しも有効です。

たとえば、毎日少し早めに出社して掃除をしている20代がいるとします。

そのことに気づいたら、

「君のがんばりのおかげでオフィスが快適だ。これからも期待しているよ」

などと褒めます。仮にその行動を、その20代ひとりだけが実行しているなら、それはプレミアムがつくことでもあります。

そこで朝礼などを利用して、全体の前でその20代の行動を褒めます。

みんなの前で「自分だけのがんばり」を評価してもらえるのです。しかも対象は、目立つことがない行動です。

その20代にとって、この出来事は大幅なプラスに評価されるでしょう。こまかいところに目を配るという点で、あなたの人物評価も大きくプラスされているはずです。こうして、その20代はモチベーションもポジティブなものに維持されることでしょう。

まわりでその話を聞かされた周囲の20代も、別に掃除をしていないことを叱られたわけではありません。ところが、「そうした何気ない行動が、褒められることにつながっているのか！」と、気づくのです。彼らの心にもまた、ポジティブなモチベーションが育まれることでしょう。

ここで注意したいのは、褒め言葉を大げさにしないことです。

自分ではまるで思っていないような表現を使うなどしても、そんな見え透いた褒め言葉は、単なるリップサービスとして「ことり世代」から軽蔑されます。

彼らはドライで合理的。褒められるにふさわしい行動に対して、それを賞するにふさわしい言葉が選ばれていれば、それで十分なのです。

褒めたりするのは、該当する出来事があった直後。できるだけ時間を置かないタイミングが好ましいです。

褒めどきよりも判断が難しい叱りどき

一方で叱ろうという場合は、そうした事態に慣れていない「ことり世代」向けの配慮が欠かせません。

何かの問題を起こしたとき、私だったら呼び出してすぐに叱るなどしません。**最終的には注意をするのですが、その前に別の話題から入ります。**

相手は呼び出された時点で、この後に待ち受けている運命を察しているわけですから、緊張しています。その緊張の糸をほぐし、叱られる内容を必要以上に大きなものとして受け止めないための緩衝材として、最初に雑談を持ち出します。

たとえば朝イチでやるべきだった資料の用意をやっていなかった20代には、

「おはよう。今朝の電車遅延は最悪だったよね。何時に会社に着いた？」

という雑談から始めて、そのあとに、

「そうか、結構遅延していたんだね。会議の資料が用意されていなくて、普段の○○ならできているはずなのにおかしいな、と思ったよ。遅延だから仕方ないかもしれないけど、今の○○ならアクシデントを見越したうえで行動できると思うから、次回からよろしくね」

といった感じで話すと、緊張がほぐれます。

できるだけ本題から離れたところ、一聴するだけでは無関係そうな話題です。

空気が和やかになったところで本題に入るのですが、それも、いかにも怒っていますというような口ぶりや態度を出さず、諭すようにマイルドな対応を心がけるほうが、相手の信頼を損ねずに済みます。

プラス評価とマイナス評価を、2：1の割合で一緒に伝える

もともと「失敗」というのは、私が考えるところでは、表面的に悪そうに見えるだけのことでしかありません。

組織が巨大化するほど組織全体が正解探しに奔走するもので、大企業になるほど失敗が「大げさなもの」として考えられる傾向に感じられます。

このような思考は価値観の狭さを生み出しますから、褒めるポイントを探す視野も狭めてしまいます。これは共感できるポイントを探す能力を低下させることと同じなので、分かち合いということに対して不感症になっている状態ともいえます。

そういったときに起こしやすいミスですが、叱るタイミングや方法を間違えると「ことり世代」は、その上司に対する人物評価を、大暴落させてしまいます。

プラスはコツコツなのが「ことり世代」ですから、一度信頼を落としてしまうと、それを回復させるのは、同世代を相手にするよりハードルが高いことです。

そういったことを考えながら私がたどり着いた、褒めるときの黄金比があります。

それは、

〝プラス評価とマイナス評価を、2：1の割合で一緒に伝える〟

ということです。

誰かが問題を起こしたとき、多くの場合、その問題を「完全なマイナス」として指摘します。しかし物事は表裏一体で、視点を変えればプラスが見えてきます。

たとえば、注意力散漫で、いつも確認をする前に先走って行動してしまう人間がいたら、評価はマイナスでしょう。しかし、確認をする前に行動するという点に関しては「行動力がある」「すぐに動ける」「バイタリティがある」とも言い換えることができますので、これはプラスとも取ることができます。

なので、このプラスマイナスを一緒に伝えてあげるのです。プラスとマイナスを伝える際のポイントは、プラスでマイナスをサンドウィッチすることです。

プラス評価↓マイナス評価↓プラス評価

という流れです。

たとえば具体的には次のようなかたちです。

「鈴木くん、この前の件に関してだけど、みんな提出期限ギリギリの提出だった中で、君だけが当日提出してきたよ。言われたことをすぐにできるのは当たり前のことだけど、普通はなかなかできないものだ。これだけすぐに行動できるのは君の武器だから、ここをドンドン伸ばしていくといいよ」（**プラス評価**）

↓

「ただ、一つだけもったいなかったと感じた点があるとすれば、提出は一番早かったんだが、記入漏れが目立った点だね」（**マイナス評価**）

↓

「君くらいのスピードならば、提出前に確認をしても早く提出できる。ほとんどの人間は、ミスなく提出はできても行動を早めることはできない。でも君はすでに早く提出できる訳

だから、次回からは記入漏れだけ気をつけていこう。そうすれば君がみんなのお手本になるよ」（**プラス評価**）

マイナスだけを言われて嬉しい人間はいません。ですがプラスとマイナスを一緒に言われたら、フラットな指摘だと感じることができます。

あなたのチームにいる20代は、どんなマイナスを持っていますか？　マイナスが言えるならば、あとはマイナスからプラスを見出し、評価してあげるだけです。

もしかしたらその部下は「お前のダメなところは○○だ！」と、人生をかけてずっと言われ続けてきた経歴があるかもしれません。

そんな部下に対してプラスを伝えてあげたら、その部下にとって、あなたは人生で初めて自分のマイナスをプラスと評価してくれた味方になります。

人は自分のことを大切にしてくれる人間を信頼し、その人に心を開くものです。

世の中の大半の人間は、人間のマイナスを、そのままマイナスとしてでしか評価することができません。だからこそ、あなたはマイナスからプラスを見出せる、20代の究極の理解者になってください。

マイナス評価は、前後をプラス評価で挟み込んで伝える!

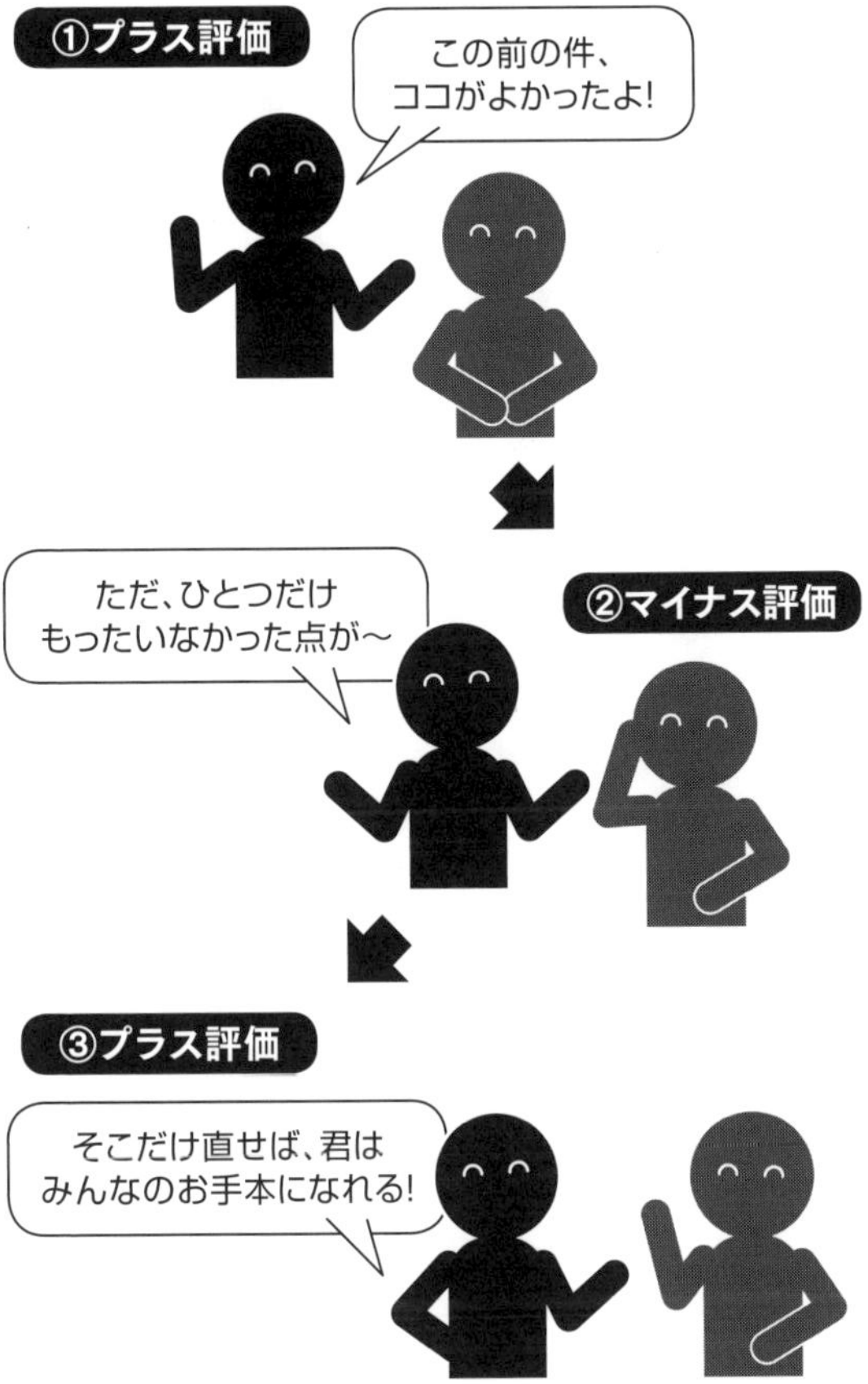

言ってはいけない！
上司の自己満足な
自分語りと感情を
前面に出した言葉

「自慢話」は拷問である

今どきの20代が「飲みニケーション」を敬遠する理由の大きなものに、「上司や先輩の愚痴や自慢話を聞かされる」というものがあります。

愚痴にせよ自慢話にせよ、それを語って気分がよくなるのは本人だけで、聞かされる側としては、よほど身になる話でもなければ単なる我慢を強いられる「ペイン」の場でしかありません。

もともと、上司や先輩の昔話を聞いても「自分たちに応用するとしたら……」という教訓話として耳を傾けられるような内容は少ないと思いますし、「自分がそうだから君も同じように……」などという論調になれば、それは20代にとって単なる価値観の押し付けにしか思えません。この「価値観の押し付け」を、多様化した現代の世界で生きている20代は、とくに嫌悪します。

この押し付けの代表的な例は「過去の栄光の話」ですが、これを得意げに披露されても20代からすれば、「だから何なのさ」という話でしかありません。

また、「過去の栄光」といっても、枠組みの中で定められた行動をし続けた結果に過ぎないこともあります。

じつはルーティンをそつなくこなしただけ、というのが話の土台に見え隠れすれば、成長していないということを「ことり世代」に見透かされてしまいます。こうなると、尊敬してほしいという思いとは裏腹に、軽蔑のまなざしを向けられるだけです。

また、「過去の栄光」にすがって生きている上の世代ほど、その話を延々と続けてしまう傾向があります。同じ話を繰り返すこともよく見られるパターンです。

こんな時間を過ごすことは、拷問以外の何物でもありません。

上の世代も、先輩や上司の自慢話に辟易した過去を持つ人はいっぱいいるはずなのに、自分がその立場になると、同じことを繰り返してしまっているのです。

そうして「栄光」ばかり話したがる人には、共通した口ぐせもあります。

「自分のときはなぁ……」という言い回しです。

このフレーズが出ると、延々と続く「過去の栄光劇場」の始まりですから、このセリフが耳に入った瞬間から、20代は暗鬱な気分に覆われてしまうことになります。

プライベートに踏み込めば、それ以上に後ずさりする

過去の栄光と同じくらいに、20代が嫌がるのは、プライベートについていろいろ聞いてくることです。

すでに紹介したように、「ことり世代」は上の世代が思う以上にプライベートに干渉されることを嫌います。

公私混同も、上の世代が想像できないほど嫌っているのですから、仕事上の上下関係の中で、仕事に結びつかないプライベートな話題を持ち出すことはタブーです。

単純な興味本位で、「昨日の休みはどこに行ったの?」などと聞くのもご法度で、そんなことを質問されたら20代は、「あなたに関係ないでしょ……」と心の中で思っているはずです。

ただし、共通の趣味を見つけるという意味で、プライベートの一部に触れるというのは、その限りではありません。

自分に対する理解を深めようとしてくれている心遣いは「ことり世代」にも伝わりますし、この線で自分のことを語っても、嫌味にならず苦痛にも感じないからです。

「ことり世代」は免疫を持っていない

相手のミスを注意するというようなときも、言葉選びを慎重にするばかりか、態度にも気を配る必要があります。

上の世代は、上司や先輩から「怒られる」「叱られる」ということに耐性を持っていますが、「ことり世代」は免疫を持っていません。

怒ることも叱ることもできないでは、いったいどうすればいいのか？

答えは「諭す」です。私の個人的な体験からして、「怒る」「叱る」というのは、ただ相手に「感情をぶつける」だけの行為です。いわば動物的ともいえます。

ところが「ことり世代」は理性的なので、動物的な感覚に頼ったコミュニケーションを敬遠します。感情ではなく理論を示してほしいのです。

ここでギャップが簡単に生じてしまうので、「怒る」「叱る」は、とことんマイナスの効果しかもたらさないのです。

ところが論点は同じでも、提示方法を工夫すれば、それは論理的な「諭す」に変わります。こうなると、20代も受け入れやすいのです。

具体的な「諭す」の手法は、前項の〝プラス評価とマイナス評価を、２：１の割合で一緒に伝える〟を参考にしてください。あれがまさに「諭す」です。

また、感情をぶつける行為が「ことり世代」に伝わりづらい原因として、次のような特徴も挙げられます。

基本的に20代は、相手の感情を読み解くことに不慣れです。SNSなどを通じて頻繁に用いられるスタンプで、感情表現をまかなっているからです。

しかも、そのスタンプに込められた感情は、スタンプ化された時点でかなりソフトになっていて、本心的なところでの感情を表しているわけでもありません。

そうして、感情面で緩衝材を置くことでコミュニケーションを円滑にしています。

このような手法に慣れているので、生身の感情表現よりも、文字やスタンプなどから相手の感情を読み取るほうが、20代にとっては簡単なものになっているのです。

理にかなったコミュニケーションを取りたい

社内でのビジネスメールなどで、「今どきの20代は、言葉遣いがなっていない」など指摘されることがあります。たしかに敬語が満足に使えていなかったりして、そうした指摘は間違っていないのですが、「ことり世代」からすると、そのことの何が問題なのか理解がしづらい部分もあるのです。

社交辞令のような上辺だけを飾った表現を好まず、客観的に理知的にコミュニケーションをしたいと考える20代にとって、敬語を完璧に使いこなすことは、さほど重要な意味を感じません。よりストレートに明確に意思が伝えられる方法を用いることが、もっとも合理的でもあるからです。

「ことり世代」の世界で共通言語化しているような、短縮語や顔文字などを用いることは、彼らにとって不思議なことでも失礼なことでもありません。

もったいぶった言い回しや婉曲な表現でわかりづらくしてしまうほうが不合理ですし、相手に対する配慮を欠くという考えすらあります。

そうした20代を相手にしたとき、社会常識を諭すという意味で言葉遣いを改めさせたい場合、どうすればいいのでしょうか。

まずは、こちらから20代に歩み寄ることです。

具体的には、彼らが用いる若者言葉などを、たまには勇気を出して取り入れてみるのです。

そうして共通言語を増やしておくと、いざというときに間違った言葉遣いを指摘して「諭す」こともしやすくなります。

20代は面と向かっての会話より、チャットなどのほうが本音をぶつけ合ったり、相手の意見に耳を傾けたりといったことがしやすくなります。なので、上の世代的には、ちょっとくだけた文面を作成してみるなどして、「ことり世代」とのコミュニケーションを取ってみるといいでしょう。

今の20代には「WHAT」より「WHY」が有効

これらに関連して、「ことり世代」に〝刺さる表現〟というものを、ひとつ提示しておきます。

それは、「WHAT」より「WHY」です。

「WHAT」を用いると、それは相手にとって「他人事」のように聞こえることがあります。とくに「ことり世代」は、そのように受け止める傾向が顕著です。

ところが「WHY」を用いると、その話の内容は「自分事」になります。

具体的に、20代への語りかけの重要な話法として、

「なぜ、それをすべきなのか？」

という〝理由の説明〟がクローズアップされてきます。

これなら十分に理性的であり、話の展開をどう持っていこうと、原則として「諭す」論調から大きく外れることもありません。

理性的かどうかという話の中には、上司や先輩の矛盾する言動という問題も昔から存在します。「朝令暮改」という有名な四字熟語が示すように、言うことがコロコロ変わる人物は、なかなか周囲からの信頼を得られません。

ところが社会に出ると、「前と言っていることが違う」と、後ろ指を指されるような言動を取らざるを得ない状況に追い込まれることもあります。

上の世代だったら、「また上司の気まぐれが始まった」などとあきらめて、それ以上は深く考えることなく、新しい指示に従ったりすることに躊躇しませんが、理詰めの「ことり世代」は、そうはいきません。

矛盾する指示を出してしまったときこそ「WHY」の使いどころ!

とくに、ちょっとした方針変更くらいならまだしも、まるっきり方針が転換されるような内容だった場合、それに従うに値する十分な理由が提示されなければ、20代は動いてくれません。

そういうときは、発言している上司や先輩の側にも、「矛盾している」という後ろめたさが少なからずあるはずです。こんな事態をどうしてもぐらなければならないとなったとき、あなたならどのように対処するでしょうか。

私の場合は「なぜ変わったと思う?」と「ことり世代」に問いかけます。

これは、思考のシェアです。

どこから指示変更にいたる発想が生まれて、どのような経緯で矛盾すると思われる変化が生じたのだ、というシナリオを相手と共有するためです。

これが共有できれば、理不尽な変更だったとしてもお互いに配慮ができます。「ことり世代」も矛盾を矛盾と感じることなく、変更を受け入れてくれます。

この問いかけが「WHY」です。問いかけられることによって、自分でも問題について考えるキッカケが生まれ、問題が一気に「自分事」になるのです。

理屈が通らない言動を上の世代以上に敏感に感じ取り、それを消去法によって自分の目の前から消そうとする20代ですが、コミュニケーションを間違わなければ、理不尽で矛盾しているけど仕方ないという感じで、上の世代と同じような受け入れ方をしてもらうことも十分に可能なのです。

ここまで信頼関係が築ければ、叱っても大丈夫

ところで、20代を相手にしたときは、ひたすら「諭す」姿勢を維持しなければならないのでしょうか。

それは違います。じつは20代も成長したいという欲求を、上の世代が若かったときと同じように持っています。

その意欲が顕在化するまでに時間がかかるという違いはありますが、その成長意欲が現れた後であれば、少しの「お叱り」でガツンとへこんでしまうリスクも減ります。

私は周囲を見て、成長意欲を感じられるようになった20代には、「諭す」から「叱る」へとシフトチェンジしています。

上司と部下などという関係の中で、上の世代に対して自分の成長意欲という本音を

見せる段階までくれば、高い信頼関係が築かれていると判断できるからです。

そのため、叱ってもいいタイミングということでいうなら、私は「相手の成長意欲が見えた後」と答えます。

ところが、相手を理解しようという意識が希薄な上司や先輩は、ひと足飛びに相手のことを叱ってしまいます。これによって信頼関係はマイナススタートとなってしまい、ますます人間関係を円滑にすることを難しくしてしまっているのです。

こういう人物の場合、たいていは耳からの情報が遮断されているという状態です。相手の言うことに聞く耳を持たない、という姿勢です。

「ファイブナイス！ ゲーム」で気づく評価の乖離

よかれと思ってしたことが、相手にとってはいいと感じてもらえなかった。

このように、価値観や認識に乖離《かいり》が生まれるようになると人間関係は悪化します。
ですので、その価値観のズレを客観的に認識するためのゲームを紹介します。
このゲームの名前は、「ファイブナイス！　ゲーム」と言います。

●「ファイブナイス！　ゲーム」のルール

①　ペアを組み、相手のナイス（褒めポイント）を5つピックアップします。
②　ナイスが5つ出たら、その5つのナイスを、1つずつ相手に伝えます（以下、アンサー）。
③　ナイスされる人（以下、ジャッジ）は、5つのナイスに対して、1つずつ点数をつけます。

評価は3段階に分かれます。

・本当に嬉しかった場合は「NICE」で【プラス1】評価
・どちらでもない場合は「SOSO」で【マイナス1】評価
・不快だったり、嬉しくない場合は「BAD」で【マイナス2】評価

最終的に5つのナイスの合計が高得点になるのを目指す、というのがこのゲームのルールです。

●「ファイブナイス！　ゲーム」の3つのポイント

ポイント①「テンポ感」
ジャッジは、ナイスされたら直感に従いテンポよく、なるべくノータイムでジャッジするようにします。

ポイント②「厳しくジャッジする」

NICEを出すのは、本当に嬉しい場合のみです。

ポイント③「フィードバック」

5つのナイスのアンサー&ジャッジが終わったら、ジャッジからアンサーへ、なぜ自分がそのジャッジをしたのかを伝え、両者間でフィードバックします。

このゲームを通して得られるのは、価値観の乖離に気づけることです。

実際にこのゲームをおこなって起きた、面白い例があったので紹介します。

●「ファイブナイス！　ゲーム」で実際に起きた面白い事例

Aさんは Bさんに対して「見た目がオシャレでカッコいい」とアンサーし、それに対してBさんは「BAD」のジャッジをしました。

Bさんは Aさんに対して「人想いで頼れる」とアンサーし、それに対してAさんは

「BAD」のジャッジをしました。

その後のフィードバックの時間。

Aさんは Bさんに対して、「初めて会った人に内面を評価されても信用できないから BADにした」と伝えました。

一方でBさんはAさんに対して、「外見よりも内面を評価してもらいたかったから BADにした」と伝えました。

つまりAさんとBさんとでは、ナイスに対して真逆の価値観を持っており、自分にとってのナイスが相手にとっては「BAD」という対立した価値観だったのです。

相手を喜ばせようと思って伝えたナイスが、相手にとっては「SOSO」や「BAD」になる。ギャグのような話ですが、このAさんBさんの事例のように、自身にとってのナイスが必ずしも相手にとってのナイスになるとは限りません。

そしてこの「ファイブナイス！　ゲーム」の合計点が低かった場合、アンサーとジャッジの乖離が大きいということですので、どんなことを伝えたら相手が喜んでくれるのかを見極める能力が弱いということです。

ということは、もしかしたら現場でよかれと思って口にしたことなのに、相手を不快にさせたり、傷つけている可能性があります。

・自身と相手との価値観の乖離を知ることができる
・自身のナイス力を試せる
・自身が言われて嬉しいこと、嬉しくないことを知ることができる
・相手が言われて嬉しいこと、嬉しくないことを知ることができる

など、一度のゲームで楽しみながら多くの気づきと学びを得ることができるゲームなので、ぜひ試してみてください。

「ファイブナイス! ゲーム」で価値観を知る!

ペアを組み、相手のナイス（褒めポイント）を5つピックアップして、その5つを相手に伝える

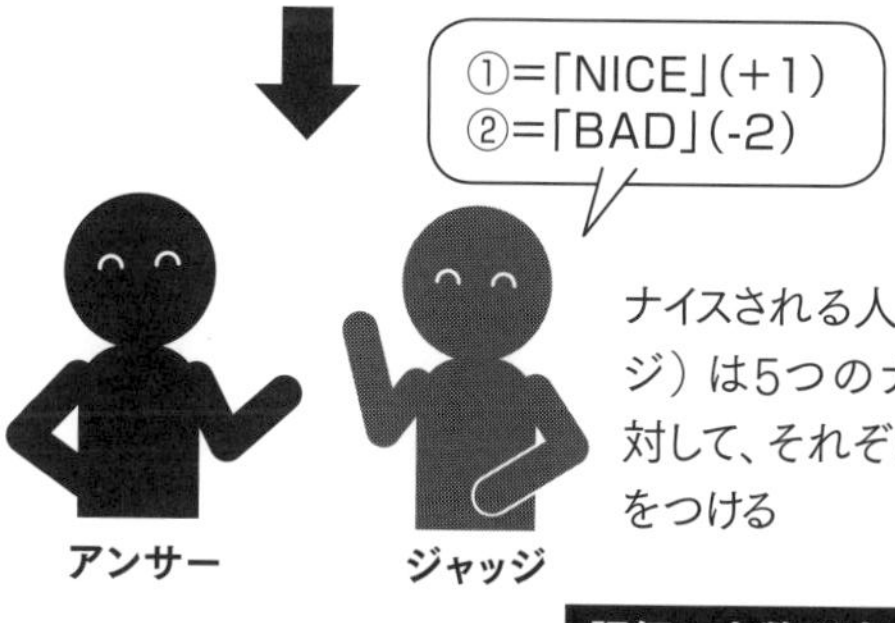

ナイスされる人（ジャッジ）は5つのナイスに対して、それぞれ点数をつける

評価で点数が変わる

「NICE」=+1点
「SOSO」=-1点
「BAD」=-2点

合計が高得点になるのを目指せ!

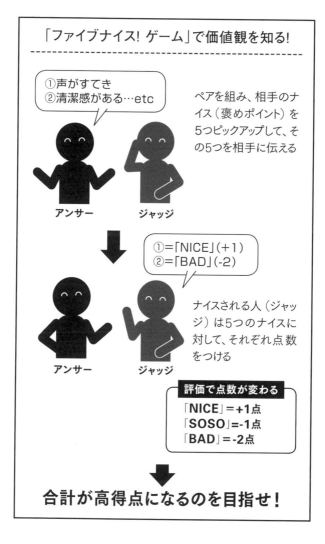

20代のやる気を奪う「タブーフレーズ10」

「ことり」を殺す10の言葉

上の世代にとって、上司や先輩から投げかけられる定番の「お叱りフレーズ」は、多くの場合で、つらいながらもメンタル的にはやり過ごすことができるでしょう。

しかし相手が「ことり世代」になった場合、そういった言葉への免疫力がないことも手伝って、**一気にモチベーションを、ゼロどころかマイナスにまで落としてしまう激烈なダメージを与えてしまう**ことが、多く見受けられます。

私は、そうした「ことり世代」のやる気を奪う代表的なフレーズとして10個を考え、それをいつも紹介しています。

20代へのタブーフレーズ10

TABOO 1	やる気あるの?
TABOO 2	本気でやってる?
TABOO 3	オレのときはなぁ…
TABOO 4	役立たず
TABOO 5	お前みたいな人間、見たことない
TABOO 6	誰が責任取るんだよ
TABOO 7	こんなの、やったうちに入らないから
TABOO 8	給料泥棒
TABOO 9	真面目にやってる?
TABOO 10	お前、今までの人生で何を学んできたの?

言葉遣いなど微妙な違いはあっても、「ああ、自分も若いときに言われたなぁ」と懐かしさすら覚える上の世代の方も多いかと思います。

上の世代は、20代だったときにこれらの言葉を浴びせられて、反骨精神が芽生えたりもしたでしょう。

なかにはモチベーションを根こそぎ奪われたという人もいるでしょうし、これがバネになってがんばれた、という経験の持ち主もいると思います。

その意味では、受け取り方の対処法もさまざまだったと思います。

10フレーズのうち、1個だけでも破壊力十分

ところが「ことり世代」は、モチベーションをなくすだけです。

反骨精神を覚える以前にやる気を失いますし、バネとして活用したいなどとは、夢

にも思いません。

どの言葉からも、強烈な自分の否定を感じ取るからです。

そして、これらをワンセットにして口にすることはないと思いますが、このうちのひとつでも、十分な破壊力を持っていることを忘れてはなりません。

冗談めかして言っても言葉の中身は同じですから、20代は言葉通りの意味として受け止めて、モチベーションをなくしてしまいます。

それ以前に、「否定される」ことに免疫がないのですから、どこをどう切り取っても、先の10フレーズは、「ことり世代」にとって死刑宣告にも近い惨《むご》い言葉なのです。

さて、ここまで見てきた「ことり世代」の特徴を踏まえて、次の最終章ではいよいよ、20代との向き合い方、20代に好かれる方法を解説していきます。

第4章

20代から信頼を勝ち取るための技術

20代から信頼されるために必要な自分磨き

自分磨きを始めるために「現在地」を知る

20代とのコミュニケーションを円滑に進められる人間になるため、ここまで「ことり世代」の特徴について見てきました。

これで現代の20代の生態と、なんとなくの動かし方をご理解いただいたと思います。それを活かして、ここからは、あなた自身が自分のことを変えていくことも求められます。

その第一歩としてあなたが目指すべきは、「**20代にとってのロールモデルになる**」ということです。

「5年、10年上の先輩の姿を見て絶望した」

「あんな40代、50代にはなりたくない」

「今の会社を見てると未来を感じない」


など、若者から見て会社や人に希望を感じることができないことも、20代がやる気を発揮できない要因と言えます。

もしあなたが社長であれば、会社そのものをガラッと変えることもできるかもしれませんが、そうでないのであれば会社を大きく変えることは難しいでしょう。

そもそも「給料がいい」「残業がない」というだけでは、今の20代のやる気を引き出すことはできません。

必要なのは、人に惚れさせることです。

つまり、会社が変わることが難しいならば、あなた自身に魅力を感じさせるしかないのです。

ということで、この最終章ではあなたが20代から見たロールモデルになるために必要な「5つの武器」の習得法について説明します。

5つの武器とはすなわち「自分磨き」の方法です。
それは次の5つになります。

【自分磨き1】マインドセット
【自分磨き2】魅力づくり
【自分磨き3】見せ方
【自分磨き4】伝え方
【自分磨き5】チームづくり

これらを意識して身につけることで、あなたは20代のロールモデルになることができます。では、それぞれ見ていきましょう。

自分磨き1

マインドセット

カリスマは、いらない

現在の20代が理想の上司像として求める要素をご存じでしょうか？

2017年に明治安田生命が発表した「新入社員が選ぶ理想の上司ランキング」において、男性部門はお笑い芸人ウッチャンナンチャンの内村光良さん、女性部門は日本テレビのアナウンサーの水卜麻美さんが1位で、翌年2018年も、二人揃って1位を獲り、連覇を果たしました。

このランキングから、今の20代が上司に求める要素は「親しみやすさ」「優しさ」「頼もしさ」であることがわかります。

この要素も一昔前であれば「実力がある」「カリスマ性がある」などのいわゆる〝すごい人〟が、憧れる理想の上司像だった訳ですが、今は違います。

いちばん優先されるのは、すごさではなく親しみやすさ。

つまり偉くて遠い存在よりも、距離感が近く、そのうえで優しくて、頼れる存在を20代は求めているのです。

そんな、現在の20代が求める要素「親しみやすい」「優しい」「頼れる」以外にも意識すべきマインドがいくつかあります。ここからはそれを紹介していきます。

完璧であろうとしない

現在の20代は非常に冷静に物事を判断します。

インターネットの発達によって、ネガティブ情報の洪水にさらされている場所に身を置くことで、まったく知らない他人であっても、不正をしたり、倫理に触れる行動をした人間を見つけたら、大勢で裁こうとする風潮が強くなっています。

これはつまり**「ごまかしが利かない文化」**が形成されているということであり、言っていることとやっていることが違ったときに、積み上げた信頼を一気に失うことになってしまうリスクが高い時代だと言えます。

20代は、あなたの言動や行動をこまかく品評しています。

そのうえで、もし自分自身の言動や行動がチグハグだったら、どうでしょう。

彼らはたちまち、あなたのことを「ニセモノ」と認定するでしょうし、いかに口先だけなのか、行動が伴っていないかなどといったネガティブな証拠を、ますます積み上げようとします。とくに理性的で合理的であることを強く望むのが20代ですから、その乖離に対する許容範囲は、上の世代よりも大幅に狭められています。

そして、「ニセモノ」だと判断した瞬間、あなたは尊敬や憧れを向けるべき対象から大きく外れ、軽蔑の対象にされてしまうのです。

あなたは普段会社で厳しい人間ですか？　あなたが普段指導している内容をあなたは実際にできていますか？

もし言行一致が成立していないようであれば、早急な改善が必要です。

では、どんな改善をすればいいのか？

それは完璧を演じようとするのをやめるということです。

上司だから、年上だから、役職があるからなど、多くの理由から20代の手本になるような大人を見せなければならないという気持ちがあると思いますが、それこそが親しみやすさを薄めている要因でもあります。

完璧を演じ続ける上司より、弱さを共有できる上司を求めるのが現代の20代です。

自分にも苦手なことがある。うまくいかないことがある。悩んでいることがある。

そんな自分の弱みを思い切って公表してしまいましょう。

「俺の若いときは本を月10冊読んだぞ！」……「だから？」

「ごまかしていない」人物だと背中で証明するためには、自分の立場や行動に応じて、的確に責任を取ることも求められます。

手柄は自分のもの、失敗は部下のもの、というような姿勢はどんな世代からも嫌われますが、上の世代と比べて責任の所在をはっきりさせたがる傾向にあるのが「ことり世代」です。彼らがいるところではことさら、責任というものを強く意識しておく必要があると思います。

そして前章でも触れた、感情任せにしない態度などに気を配り、最終的には、「背中で語る」という姿勢も身に付けたいことです。多くを語る人物より、行動で手本を示す人物のほうが信頼できそうだというのは、世代を問わず変わらないからです。

とくに、ごまかしが利かず理知的な「ことり世代」は、「論より証拠」のほうが性に合っているのかもしれません。

たとえば、「読書する」ことで説明しましょう。

「今どきの若い者は……」

などと前置きしながら、

「オレが若いころは、月10冊は読んだぞ!」

と説教する人は意外と多いと思います。たしかに若いときに10冊読んだかもしれませんが、そう言われた20代は次のように考えます。

「じゃあ、今はどうなの?」と。

自分は自分のスキルアップをやめているくせに、なぜ周囲にそれを強要するのだろうと、納得がいかないのです。

だいたい、本当に10冊読んでいたかは本人にしかわかりません。今の姿から類推して、「どうせハッタリなんだろうな」などと思われたら、それだけでアウトです。

だから周囲に強要するなら、自分も率先している必要がありますし、それ以前に余計なことを語らないほうが得策です。

「丸ごとの自分を肯定してくれる」上の世代になる

こうした態度や考え方ができるようになれば信頼関係を築くのに十分ですが、次に上の世代は、20代を引き上げる大きな度量も持ち合わせたいものです。

自分を引き上げてくれる目上の存在は、どの時代でも憧れや尊敬の対象になっていたと思いますが、「ことり世代」は、それをさらに強烈に感じ取ります。

もともと「消去法」でしか人生を歩んでこなかった、選択肢に恵まれていないといえる世代ですから、明確な道しるべとなり、自分にハッキリしたロードマップを示してくれる存在は、何よりありがたいのです。

おまけに「引き上げる」ということは、自分のことを完全に肯定してくれている、という意味も汲み取れます。

「自分を丸ごと肯定してくれる」と思ってもらえるように、大きく構えるように意識してみてください。

自分磨き2

魅力づくり

情報伝達の秘訣「7CHARM」とは?

あなた自身を魅力的にするための方法として「7CHARM」というものを紹介したいと思います。

「CHARM」とは魅力という意味で、魅力的な人間が共通して持つ要素を抽出し、7つにまとめたのがこれから紹介する「7CHARM」になります。

【7CHARM】

① ポジティブ

② 秘密

③ 不思議

④　進化
⑤　特別
⑥　権威
⑦　真剣

これだけではよくわからないと思いますので一つずつ説明していきます。

①　ポジティブ

「ポジティブ」には2つの意味があります。

1つめは〝楽しい〟という要素。

あたりまえですが、人は楽しいところに集まります。どんなにメリットがあっても、そこが苦しいところだとエネルギーが湧きません。ですので楽しい、面白い、笑える要素を盛り込むようにしましょう。

2つめは〝人生のプラス〟という要素。

勉強になる情報、お役立ち情報などを発信したり、あなた自身が明るく人を元気にさせる要素を持つなど、周囲から見て、自分自身に対してポジティブな印象を持ってもらえる要素を盛り込むようにしましょう。

② 秘密

「秘密」は、あえて核心部分を伏せるなどして、聞き手の好奇心を最大限に高めるテクニックです。アニメやドラマが佳境のところでCMに入ったり、翌週まで持ち越して視聴者を焦らすテクニックなどが挙げられます。

人は、隠されるとそれを暴きたくなるという性質を持っています。

その性質を利用してあえて一部の情報を伏せたり、後ろに持ってくるなどして秘密を駆使して相手を焦らしましょう。

たとえば、

「お店の繁盛の秘訣は番組の後半でご紹介!」

「あの店の行列の秘密は●●だった!」

のようなテクニックです。

③ 不思議

「不思議」は、話の中身や見た目など自分が発信する情報に対してコントラストをつけるということです。言い方を換えればギャップを感じさせるということです。

「地域でも有名な不良少年が、動物に餌をあげていた」

「スポーツが苦手そうなインドア男子だと思っていたら、スポーツ万能だった」

など、魅力的な人は相反する要素を自身に内包し、ひとくくりにできない魅力というものを兼ね備えています。

「認知不協和」。つまり二律背反な状態を組み合わせることで、聞き手をさらにディープな自分の世界へと誘うのです。

④ 進化

「進化」は上げ下げのあるストーリーです。

映画、小説、漫画、ドラマなど、人は物語が好きです。紆余曲折《うよきょくせつ》、起承転結、展開のある物語は聞き手や読み手に興味を植え付けます。

一度ストーリーに興味を持ってもらったら、最後まで話を聞いてくれる可能性が高まります。またストーリーを通すことで、自身が与えたい印象や情報を容易に伝えることが可能です。聞き手の心をつかむ絶好のテクニック、それが進化です。

⑤ 特別

「特別」は希少性と言い換えることもできます。

「数量限定販売」「本日限りの販売」「会員だけの特別なご案内」など、限られた人にしか手に入らないという特別感は、人の感情を大きく揺さぶります。

特別な機会やチャンスに触れることで、人は自分が選ばれた人間だと思い、その権利を逃したくなくなります。

強烈に行動を促したい場合は、この「特別」という要素を入れてみてください。反応が変わります。

⑥ 権威

「権威」は虎の威を借りるということです。

日本人は権威の奴隷です。権威性の強いものに惹かれます。

たとえば実績です。「○○さん推薦・御用達」「成約率が○○％ＵＰ」などを提示することで、あなたの情報に対する説得力が増します。第三者のデータや情報は人を動かす強い要素になります。信憑性と信頼性を高める要素として、聞き手にとって強い影響力を持つ権威を取り入れてみてください。効果抜群です。

⑦ 真剣

「真剣」は、自分自身の本気度を伝える要素です。

どんなに話し方がうまくても、真剣さを感じなければ人は動きません。ですが話し方が下手でも、その真剣ささえ伝われば人は行動を起こします。

そして自身の真剣さを言語化するための方法として「ＭＶＰメソッド」というもの

があります。

これはそれぞれの、「ミッション」「ビジョン」「パッション」の頭文字をくっつけたもので、自分の持つミッション、描くビジョンに、パッションを乗せて話すことで聞き手、読み手を前のめりにさせるテクニックです。

またミッション、ビジョンを語るときは、相手にとってお得なミッションやビジョンにすることで、より支持されるようになります。

以上7つの要素を、文章を書くとき、話すとき、自分を表現したいとき、これから人と接するさまざまなシチュエーションに盛り込んでください。

そうすることで間違いなく魅力が増し、周囲を巻き込めるようになります。

自分磨き3

見せ方

ダサいおっさん、おばさんに憧れるのは厳しい

【自分磨き1】のマインドセットで、「完璧である必要はない」と書きましたが、外見上の自分磨きは欠かせません。

これは着飾るとか、高価な洋服を着るということではありません。それこそ今から完璧な外見を目指そうなんて言ったら、あまりに酷だと思います。

私がここで言いたいのは、20代への好感度をアップさせるために、最低限外見づくりの工夫をしましょう、ということです。

現代は「インスタ映え」が流行語になり、アプリやプリクラで自身を加工する〝盛り〟が当たり前の時代です。どう見られるかを非常に重要視しています。

残念ながら上の世代に属する多くの人は、マナーやTPOには気を遣えというもの

の、年齢とともに外見に気を遣わなくなっていきます。

これも、先に見た読書の例と同じく、「今は努力を放棄した人」というレッテルを貼らせてしまう根拠になるのです。

砕けた表現になりますが、どう見られるかを気にする現代の20代からして、「ダサいおっさん、おばさん」に憧れろというのは厳しいものがあります。

ただしこれは、何もブランドものや若者ファッションを身につけろと言っている訳ではありませんし、無理な若づくりをする必要もありません。

ファッションはサイジングだけ間違わなければ、自身をスマートに見せることができます。年齢が上がると体形が大きくなるからか、大多数の方が身体に合っていないブカブカなスーツを着ます。これこそがもっとも「ダサいオヤジ」を演出するテンプレートファッションです。

一昔前に『LEON』などの雑誌の影響から、ちょいワルオヤジが流行りました。あれもある種のテンプレートファッションですが、ブカブカスーツに比べたら好感をもたらすことができる、プラスのテンプレートです。

私は仕事柄、経営者やエグゼクティブと呼ばれる方とお会いする機会が多いですが、一定のレベルを超えた方たちは、かなりの高確率で身だしなみに気を遣っています。ことスーツに関して言えば、身体に合わないブカブカのスーツを着ている方はほとんどいらっしゃいません。

服装はもっとも簡単に自身の評価を変えることができるツールです。

いきなり普段と違うスーツに変えるのは恥ずかしいと思うかもしれませんが、サイズの合っていないスーツを着続けることのほうが何倍も恥ずかしい行為です。

高価なスーツである必要はありません。自身のスーツがブカブカだなと思う方は、身体のパーツパーツそれぞれのサイズに合ったスーツを、新調してみてはいかがでしょうか？

間違いなく、あなたへの印象や評価は変わりますよ。

自分磨き4

伝え方

確実に相手を動かすための究極の伝え方「三面隣接話法」

相手を動かすためには、まずは前提があります。

それは、相手にとって聞きたい話題でなければ、相手は真剣に話を聞いてくれない、ということです。ですが話が伝わらない人の特徴として、自分が話したいことを一方的に話すだけの自己満足型になってしまうケースが多く見られます。

何か伝えたいことがあるとき、その会話には必ず3つの事象が登場します。

① I（私）

② YOU（相手）

③ THEME（話のテーマ）

この3つの事象の関係性を明確にしながら話すことを「三面隣接話法」といいます。

具体的な例を出しながら紹介していきましょう。

【三面隣接話法の準備1】「I（私）とYOU（相手）との関係性は？」

★関係性を確認する

IとYOUとはどんな関係性ですか？　共通点はありますか？

YOUのパッションとペインはなんですか？

★関係性を活かした相手を動かす会話例

IとYOUが美味しいものが好きで、よく一緒に食事に行く関係性がある場合

→「ねえYOUさん、すごく美味しいお店を見つけたんだけど、行かない？」

【三面隣接話法の準備2】「I（私）とTHEME（話のテーマ）との関係性は？」

★関係性を確認する

IとTHEMEはどんな関係性ですか？　強烈な関係性はありますか？

ＩとＴＨＥＭＥにまつわるストーリーはありますか？

★関係性を活かした相手を動かす会話例

ＴＨＥＭＥがラーメン屋で、Ｉが年間５００食ラーメンを食べるという関係性がある場合

↓「私は年間５００食ラーメンを食べるラーメンマニアなんですが、去年食べた５００食の中でもっともインパクトがあって美味しかったラーメンを紹介します」

【三面隣接話法の準備３】「ＴＨＥＭＥ（話のテーマ）とＹＯＵ（相手）との関係性は？」

★関係性を確認する

ＹＯＵから見てＴＨＥＭＥはどんな関係性ですか？ 特別な存在ですか？

ＹＯＵがＴＨＥＭＥを取り入れることで、どんなメリットがありますか？

ＹＯＵがこのＴＨＥＭＥでなければならない理由はありますか？

★関係性を活かした相手を動かす会話例

ＹＯＵがこってりしたものや高カロリーなものが好きだけど、ダイエット中で、ＴＨＥＭＥがラーメンの場合

↓「ＹＯＵさんダイエット中だって聞いたんだけど、この前ほとんど糖質が入ってないのに、普通のラーメンより美味しくて痩せるラーメンっていうのが雑誌で紹介されてて、すごく評判がいいみたいだから一緒に行かない？」

ここで、さらにこのＩとＹＯＵとＴＨＥＭＥの関係性を考慮して、すべての要素を織り交ぜて話すのが、最強の三面隣接話法になります。

【三面隣接話法、究極の完成系の例】

「ＹＯＵさん、来週の定例ランチ会なんだけど、面白いところを見つけたんだよ。普段はフレンチとかイタリアンが多いけど、今回行きたいなって思ってるところはラーメン屋さんなんだ。ただ、このラーメン屋さん普通のラーメン屋さんじゃなくて、ラーメンをフルコースで出してくれる完全会員制のラーメン屋さんでね。私の知り合いで年間５００食ラ

三面隣接法

①I（私）×YOU（相手）
②I（私）×THEME（テーマ）
③THEME（テーマ）×YOU（相手）

④＝①×②×③

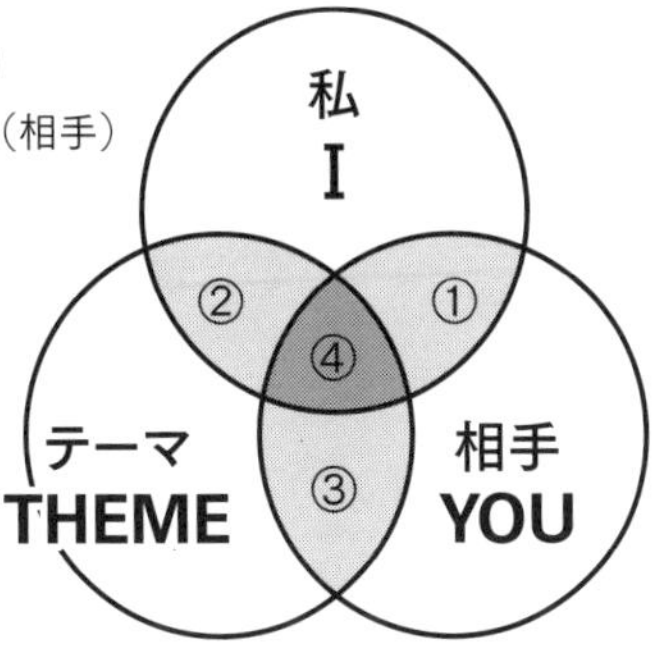

ーメンを食べるラーメンマニアがいるんだけど、その人が一番のオススメは絶対ココって教えてくれたんだ。

本当は会員じゃないと入れない店で、友達が予約してたけど行けなくなっちゃったらしいから、代わりに行けるみたい。

最近YOUさんフレンチ、イタリアンが連続してるから違うのがいいなって言ってたし、ここのラーメン屋さんどうかな？」

このように三面隣接話法を意識して話せば、間違いなく相手を前のめりにさせることができますので、ぜひ意識してみてください。

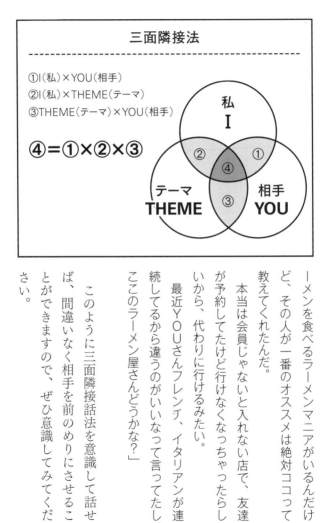

自分磨き5

チームづくり

必要なアメとムチの中身も、昔とはまるで違う

私の考えでは、基本的にアメとムチは別物ではありません。表裏一体、見える姿かたちが違うだけで根本は同じモノという認識です。

それでも世代間の違いは存在します。ここを間違えると、20代に響かないどころか、嫌われて終わりという悲惨な結末を迎えてしまいます。

上の世代は、20代から相談を受けると、自分の経験を加味したアドバイスを与えようとします。それが相手のためになると思って……。

しかし20代は、ただ話を聞いてほしかっただけというパターンが多いのです。そこに説教が加わるとは、想像していません。

上の世代からすれば「アドバイス」でも、20代からすれば、それは自分を萎えさせ

る説教でしかないのです。

上の世代が「ムチ」だと自覚しないまま、20代に「ムチ」を与えている場合があるのです。

ところが、十分な信頼関係が築かれてしまうと、どんなムチも快感と思えるように心が変化していきます。少しの罵倒にはびくともしません。

それは、言葉の発信源があなたというロールモデルだからです。

「この人の言うことを聞いていれば間違いない」

そのように思わせているからです。

ここまでくれば、アメとムチに大きな違いはありません。

上の世代からすれば区別して与えているつもりでも、「ことり世代」からすると中毒のように、それらを求めるようにまで心の底から慕ってくれます。

本来、両者ともに中毒性が強いものです。とくにムチのほうが、アメより強いと個人的には思います。

次から次へと要求される。褒められると叱られる。

このサイクルの中で、濃密な人間関係をロールモデルと築けている自分のポジションが、とても心地よく感じられるのです。

そして、そのような種類の「ムチ」を、じつは「ことり世代」こそが求めています。

そうした欲求に応えられるようになれれば、あなたは20代にとって、十分すぎるほどのデキる大人でしょうし、そんな人間をロールモデルにしたいと願う20代もまた、数多いのです。

集団に不慣れな20代……時代は「個別指導」

「デキる大人」は、何が違うのでしょう。

それは「集団」と「組織」の違いを明確に理解でき、自分たちが今いるところが両者のどちらに属しているのかを正確に把握していて、それに順応した対応ができていることだと思います。

「集団」は「グループ」で、「組織」は「チーム」です。

よく混同されて使われている言葉ですが、意味するところはまったく異なります。

グループというのは、その構成人員が各々勝手なベクトルを持っています。

チームというのは、構成人員が同じベクトルを向いています。

チーム内ではエネルギーが掛け算で増加します。同じベクトルに向かって、みんなのエネルギーが集中して注がれていきます。多くの会社はチームとして機能しますが、その中身はグループの集合体ということもあります。

それはさておき、ロールモデルとなるあなたは、今いる場所がグループなのかチームなのかを見定めなければなりません。

本当はグループなのにチームのようにベクトルを揃えようとすれば、そこにいる20代は押し付けと感じるでしょう。チームなのにグループを率いるような態度でいれば、「ことり世代」は能力不足と見なすでしょう。

さらに必要なのは、時代は集団指導から「個別指導」へ大きく変化しているというパラダイムシフトの存在です。

学習塾の宣伝などでも「少人数指導、個別指導」ということが盛んにアピールされますが、これは時代に即した指導法であり、理にかなっています。

多様化した価値観の中で生きる20代を集団指導するというほうが、すでに無理な方法なのです。

そこで、ロールモデルとなるあなたに求められるのは、メンバー全員に目配りできる個人指導の能力です。これはマネジメントの問題とも関係が深く、簡単に言えば、メンバー一人ひとりが内に秘めた価値観を日ごろから把握しておく、ということです。

何に対して情熱を注いでいるのか、何をコンプレックスと思っているのか、何をもって承認されたいと考えているのか。

個人個人で異なる「パッション」と「ペイン」のカギを探しておく、と言い換えることもできるでしょう。

そういった個人情報に基づいて、任せるべき業務を割り振ったりしていくのです。

そうすると、効率的にペインを避けることができ、同じようにパッションを発揮させることが可能です。表面的に何も無理をしていません。

そうした姿勢を見せられ続ければ、さすがの「ことり世代」も、あなたに一目置くようになります。

また、個別指導が有益なのは、「ことり世代」の資質にも影響しています。**彼らは多様な価値観の中に生きていて、それぞれ独立性が強い存在です。**

そのため、かえって集団で承認されるという経験に乏しく、だから集団指導で成果を上げて、それによって褒められても、あまりピンときません。

チームを3分割すると、うまくいく

さて、個別指導を効率よく進めるために、そしてチームを効率よく引っ張っていくために有益なのは、「チームを3分割する」ことです。

チームは3分割で考える

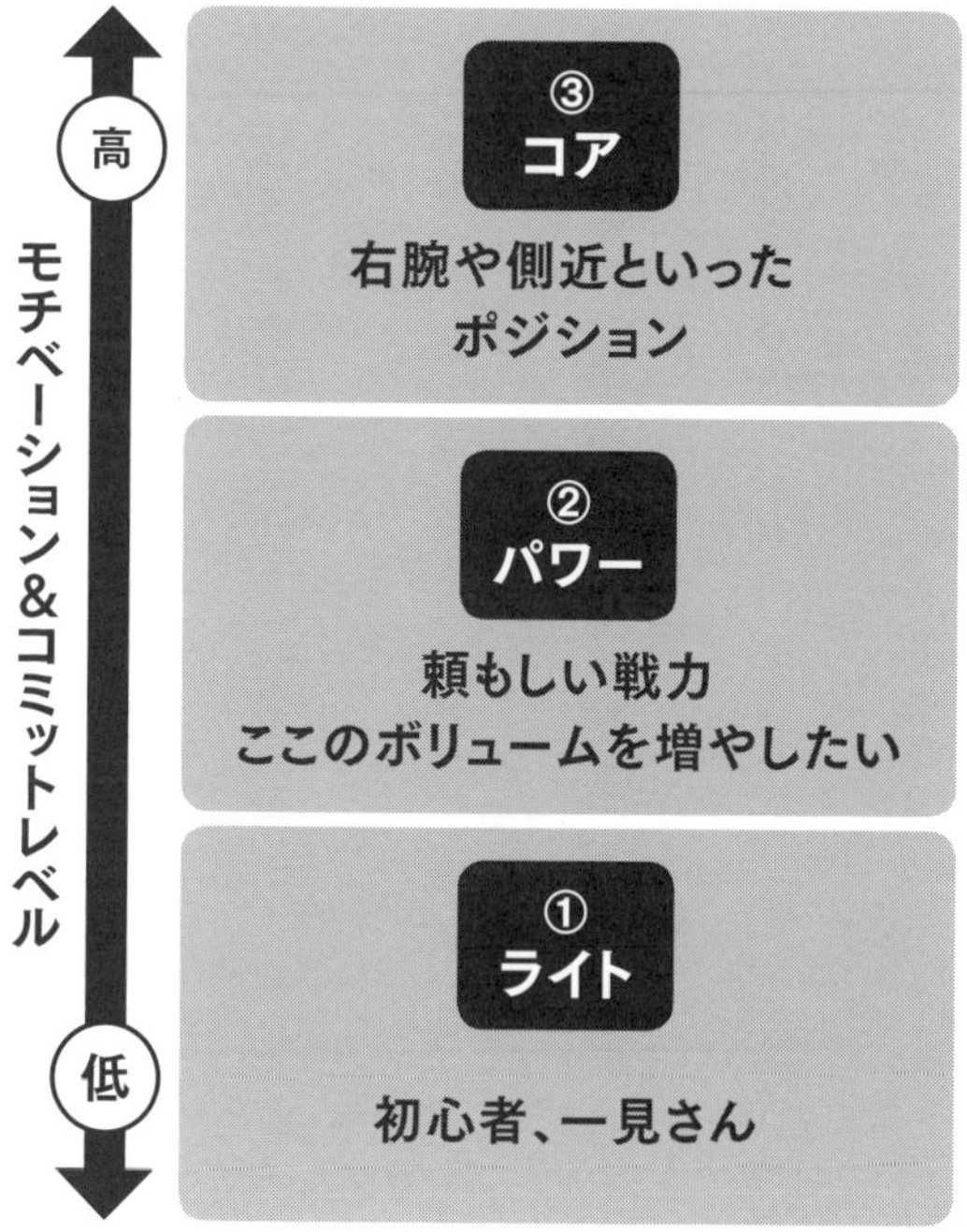

この3区分です。現在のメンバーのモチベーションやポジションなどに応じて、チーム内を3層に分類してしまうのです。

「ライト」というのは、チーム内での実績も発言力も乏しい、いわば初心者や一見さんといった存在です。

人数的にはボリュームが出やすい層でもありますが、ここが多すぎるようなチームだと、前進しようというモチベーションを生み出したり、それを維持したりすることが難しくなります。

雰囲気的には「グループ」に近くなってしまう、といえるかもしれません。

そこでボリュームを持たせたいのは「パワー」です。

積極的にチームの動きに絡もうとするバイタリティが旺盛で、上昇志向も強いので、新しいチームを生み出そうというときに頼もしい戦力にもなります。ベクトルも、かなり揃っています。

次の「コア」は、立場的には自分に近いものです。

右腕や側近といったポジションに近いかもしれません。もはや自分と同じベクトルの持ち主なので、分岐させたチームを任せるなどのマネジメントも可能です。この「コア」のボリュームが増してくると、チームのエネルギーは加速度的にアップします。

キーパーソンを早めに的確に人選する

「コア」を増やすために欠かせない作業が、キーパーソンの選定です。

年齢が違い過ぎると、どう努力しても埋められない溝が、20代との間に生じてしまうことがあります。

そんなとき、自分の考えなどを伝達してくれる通訳の役割、サブリーダーをピックアップしておくと、うまくいく可能性が高まります。

この通訳は、20代の思いや意見などを自分に伝達してくれる役目も担当します。

世代が近いからこそ打ち明けられる話もあるでしょうし、直接ではないから話せる内容もあります。

そういった声を漏らさず聞き届けてくれるありがたい存在です。

このような「兄姉」的なポジションの人間から伝えてもらえれば、こちらの意図するところも誤解を招くリスクが減らせます。

そこでロールモデルのあなたは、キーパーソンにふさわしい人物は誰かということもまた、日ごろから観察しておく必要があります。

そして、そんな「コア」を大量に育成するというのは、ロールモデルとしてのあなたに課せられた、次の使命とも重なります。

それは「ネクストリーダーを育成する」ということです。

チームを3層に分割して、ライトからパワー、パワーからコアへと成長を促すのは、じつは「ことり世代を引き上げている」作業にほかなりません。

引き上げた結果、ロールモデルとなっているあなたと肩を並べ、その20代は次のロールモデルになるのです。

そうして人材の拡大再生産をできる上の世代。そういった人物を、20代は自分がついていくべき理想のリーダーとして待っているのです。

現代に求められる上下関係のありかた

「体育会系」という集約された言葉でも十分にイメージできるほど、かつての社会はタテ型が普通で、人同士のつながりが、主に年齢を中心とした垂直方向に結ばれていました。

これはこれで合理的なところもありますし、とくに高度成長期などのみんなが一丸となって同じ方向に突き進むというような局面では、大いにそのメリットを発揮できたのだと思います。

ところが現在は価値観が多様化し、みんなが同じ方向に突き進むという事態そのものが現実的ではありません。そうなると社会構造も変化するのは当然ですし、時代に見合った構造を求められるのも当然です。

そうして現在は、とくに20代を中心として、人とのつながりが水平方向に結ばれるものが好まれるようになっています。フラットに接する必要があるというのは、そういった社会構造の変化を受けてのものでもあります。

フラットでいながら、じつは部下でもある20代を引っ張っていくのですから、画一的なステレオタイプで事足りたかつてのリーダーと比べて、現代のリーダーは負担が大きくなっているようにも思えます。

それでも最後は人間対人間。ジェネレーションギャップはいつの時代にもつきものですし、時代の変化もまた、時間が経てば自然に起こります。

大きく変革している過渡期ということはありますが、ピラミッド型からパラレル型にシフトした現代社会の姿を、本書を読み進んでくださったあなたなら、肌感覚で気づいていることと思います。

時代に見合った上下関係をつくるのは、従来型の完全否定ではありません。古くか

らの慣習や風習にもいいところはあると「ことり世代」も理解しています。

しかし、何の説明もなく「決まりだから」などの理由で押し付けられることに納得がいっていないだけなのです。

ですからロールモデルが実在するとわかれば、彼らの反応も変化するはずです。そのための自分磨きであり、現代に即したロールモデルを目指す意味なのです。

さあ、20代のロールモデルを目指す覚悟はできましたか？

今日がその第一歩です。

おわりに──

「やる気のある若者」は、どこにいるのか？

「若さ」とは無限の可能性です。

確かに若者は、物事を知らず、人生経験も浅い。そのうえで夢ややる気も昔に比べたら弱くなってしまったかもしれません。

ですが物事を教え、人生経験を深め、やる気を見出すチャンスを与える存在さえいれば、とんでもない結果を生み出す可能性があります。

私は本書が出版される2018年8月に、東京・お台場で大型イベントを開催することにしました。「やるならインパクトのあることを！」と思い、今までにない新しい取り組みのイベントにしました。

そして、その新しい取り組みのひとつが**「イベントの運営をすべて20代でおこなう」**ということです。しかも、10万人以上の集客を見込んでいるため、とにかく準備が膨大で大変です。

この原稿を書いている段階で、イベント開催まであと50日を切りました。

ブラック企業とか、残業がどうのと問題になる時代に、300名を超える若者がこのイベントを成功させるべく、本業の合間を縫ってボランティアで毎日深夜まで作業をしてくれます。私に言われたから嫌々やっている訳ではなく、みんな自主的に、自分の意思で動いてくれています。

お金にならない、時間は取られる、場合によって怒られる……メリットが何もないはずなのに、本当にありがたいことに多くの若者が私に力を貸してくれます。

そんな若者を見た人たちは皆、口を揃えて、こう質問してきます。

「どこに、そんなにやる気のある若者がいるんですか？」

それに対して、私の答えはいつも一緒です。

「あなたの会社にいますよ」

ところで、私はこの言葉が大好きです。

「We cannot always build the future for our youth, but we can build our youth for the future.（若者のために、未来を創れるとは限らない。だが、未来のために若者を創ることはできる）」――フランクリン・ルーズベルト

冒頭にも書きましたが、今後若者がどんどん減っていく現状において、若者は非常に貴重な存在であり、優秀な若者を育てるということは日本の未来を創るということと同義だと思っています。

私の役目は世の中に対してやる気がない、夢がない、気が遣えないと評価されがちな若者の可能性を知ってもらうことです。

ですが、私一人の力では限界があります。

ならば、私が次にすべきは、優秀な若者を育てることができる素晴らしい人材を増やすことだと思い、この出版を決めました。

あなたと出会うことで人生が好転する20代が、多く生まれることを願います。

そしてそんな素晴らしい20代と関わることで、あなたの人生がより素晴らしいものに変わることを、心から祈っております。

若山雄太

著者プロフィール

若山雄太（わかやま・ゆうた）

20歳で世界最高峰と評される外資系ホテルの日本開業に携わり、開業から僅か1年でホテルを日本ランキング1位、世界ランキング7位に躍進させ退社。その後営業の世界に飛び込み、営業成績でNo.1を獲得したのち、経営コンサルティングを専門とするベンチャー企業に役員として参画。「人に寄り添うビジネス戦略」を絶対の理念とし、5年間で大手企業から、個人、タレント、博士、著者、政治家など、1000社（人）を超える多種多様なクライアントに対し、セールス、マーケティング、リーダーシップ、チームマネジメントを指導。今までにクライアントに100億円以上の利益をもたらしてきた。現在はコミュニティプランナー、マーケティングコンサルタント、イベントオーガナイザー、人材育成家、講演家、著者と、多角的な活動を通してその手腕を発揮している、最注目の若手起業家である。本書がデビュー作となる。

【若山雄太公式ウェブサイト】
http://yutawakayama.com/

誰も知らない！ 20代の動かし方
―現代の若者に言うべきこと、言ってはいけないこと

2018年9月1日　第1刷発行

著　者　　　　若山雄太

発行人　　　　櫻井秀勲
発行所　　　　きずな出版
東京都新宿区白銀町1-13　〒162-0816
電話03-3260-0391　振替00160-2-633551
http://www.kizuna-pub.jp/

ブックデザイン　池上幸一
編集協力　　　　烏丸千
協力　　　　　　長倉顕太
印刷・製本　　　モリモト印刷

ISBN978-4-86663-045-8

きずな出版